Defiant Deviance

PETER LANG
New York • Washington, D.C./Baltimore • Bern
Frankfurt am Main • Berlin • Brussels • Vienna • Oxford

Defiant Deviance

The Irreality of Reality in the Cultural Imaginary

CRISTINA SANTOS,
ADRIANA SPAHR,
Editors

PETER LANG
New York • Washington, D.C./Baltimore • Bern
Frankfurt am Main • Berlin • Brussels • Vienna • Oxford

Library of Congress Cataloging-in-Publication Data

Defiant deviance: the irreality of reality in the cultural imaginary /
edited by Cristina Santos, Adriana Spahr.
p. cm.
Includes bibliographical references and index.
1. Latin American literature—20th century—History and criticism.
2. Supernatural in literature. 3. Marginality, Social, in literature.
4. Outsiders in literature. 5. Latin America—Civilization.
I. Santos, Cristina. II. Spahr, Adriana.
PQ7081.D266 860.9'37'0980904—dc22 2005010679
ISBN 0-8204-7618-8

Bibliographic information published by **Die Deutsche Bibliothek.**
Die Deutsche Bibliothek lists this publication in the "Deutsche Nationalbibliografie"; detailed bibliographic data is available on the Internet at http://dnb.ddb.de/.

Cover design by Joni Holst

To our families

A nuestras familias

As nossas famílias

Table of Contents

Acknowledgments

As editors we would like to express our gratitude to Carmen Boullosa and Don Ruperto Araujo-Villar for allowing us to interview them. Our gratefulness to Rodolfo Ramos for the three beautiful pieces of art displayed on our cover, on this page and with the interview with Don Araujo.

We would like to thank Mrs. Clara Rulfo and the Fundación Juan Rulfo for their permission to reprint here photographs by the late Juan Rulfo originally published in *Inframundo*.

And last but not least, we would like to show our appreciation to all our colleagues and contributors that made this book possible.

Untitled, Rodolfo Ramos.

Introduction

CRISTINA SANTOS AND ADRIANA SPAHR

The supernatural has been a reoccurring element in everyday life irrespective of culture. This fascination has been subsequently transferred into literature and other artistic expressions. Let us recall that historically supernatural beings were an accepted part of everyday life for most communities. It is with the inception of the Enlightenment that the supernatural was believed to be the explanation of the unknown for the uneducated masses. For this reason the same supernatural elements that were previously an intrinsic part of the culture were now discredited due to their lack of scientific proof. However, one would think that with the technological and scientific advances of our present society these supernatural manifestations would have disappeared. On the contrary, there seems to have been a re-evaluation and re-affirmation of this cultural and sociological experience under, among others, the designation of "paranormal" phenomena and its related investigative sciences. Thus, this move from one classification to the other connotes a new field (although still marginalized) of scientific—and in our case here, philosophical—exploration.

It is necessary to clarify that we define, for the purpose of this study, "supernatural" in the sense of differing from what is socio-culturally perceived and accepted as normal. "Super"-natural, for our intents and purposes, constitutes a more inclusive category than that specified as simply "natural". It is within this scope that we investigate, through a collaborative and interdisciplinary approach, "super-natural" depictions in the cultural imaginary such as: witches, vampires, angels, virgins, apparitions, and other universally recognized reflections of human existence. Albeit, not all "super-natural" representations will be of a "monstrous" quality, it is important to emphasize that these are physical but also psychological embodiments of common human experience. Contributors to this project have not limited their studies to these "fictionalized" images but to have looked beyond the surface to decipher how they represent individual realities.

Furthermore, it is our opinion, that the persistence of the supernatural is, in essence, a defiant form of deviance: that is to say, it is a state of opposition and a disposition to resist that deviates from the accepted norm. In our case "deviant" in the sense that it refers to a person or persons that differ markedly—either in intelligence, social adjustment, and/or sexual behaviour—from what is considered to be within acceptable limits of his/her socio-cultural environment. Although the tendency of many scholars would be to enclose their topics within established literary genres (such as the grotesque or surrealism) our contributors here have present a research that has not been limited by said "established" literary classifications. It has been our understanding that such labels would have been limiting and would not have allowed for the inclusion of that which has been historically and traditionally marginalized, denied, silenced, and censored.

In this book we present a collection of essays from various contributors that approach this topic of "defiant deviance" in literature, film, and art but also from differing critical perspectives (for example, cultural theory, film theory, feminism, alterity, historical, political, sociological, psychological, reader reception, etc.).

Defiant Deviance opens with an interview with the prestigious and versatile writer, Carmen Boullosa, tireless researcher and author of such works as: *Cleopatra Dismounts: A Novel; They Are Cows, We Are Pigs; Llanto, novelas imposibles* where history and fiction intermingle. In addition to writing narrative Boullosa is also an accomplished poet as seen in her *La delirios,* and *La bebida*; a dramatist (*Teatro herético*) and short story writer as shown in her collection entitled *La soledumbre*. Intrinsic to Boullosa's writing style is the author's constant struggle, through her literary characters, to achieve the concretion of a full human being where the body, sensitivity, sensuality, and eroticism unite to form one single unit. Her predilection for the use of the words "*personaja*" or "la *salvaja*" exemplifies her willingness to transgress imposed limits including the rescue of the forsaken and what is considered foreign as well as what has not been normally been represented in official histories. Boullosa has incorporated in her writing characters such as: female vampires, she-wolves, and La Llorona with both literary and socio-cultural implications that are further developed in "*Comentarios de Carmen Boullosa sobre algunos de sus personajes sobrenaturales.*"

The interview with Carmen Boullosa had sought to expand on the awareness of the cultural phenomenon that resulted in the proliferation of monsters, witches and demons in literature and other media. In "*La fuerza curativa y el poder curativo de las hierbas: Entrevista a Don Ruperto Araujo-Villar,*" an interview done by one of the book editors and Olga Mendieta, was designed with the principle of approaching, wholeheartedly, a world where logic has no place, a world where what is discernible as "real" and "unreal" live together in unity and harmony for millennia. Mr. Araujo is man who long ago would have been considered a sorcerer: since he using the power of praying in order to be able to cure any ill that exceeds his knowledge of the medicinal use of herbs. The proof of this power (inaccessible to the rational mind) challenges our Western conceptions and makes us rethink our notions of the world we inhabit: both the tangible and intangible. These elements of an ethereal nature are, by virtue of being insubstantial and non-measurable, many times denied their influence and existence in the human realm.

In *Maravillas, portentos y magia en* Cien años de soledad, Hugo De Marinis calls for reflexion about the methods of operation of some of the supernatural elements—such as the flying mats brought by a tribe of gypsies to Macondo—in Garcia Marquez's famous novel. This essay follows the tradition that observes fictional worlds created by authors of the so-called "boom" of the Latin American literature as cultural syncretic worlds. Those cultural worlds that find themselves connected and at the same time disconnected from the metropoly's civilizing purpose and naturalization of the magical in every day life. Such interaction changes into a diverse creational synthesis, striving in the search of refreshing creative ways to represent miscegenation and the emergent identity while at the same time assilimilating and making a genuine contribution to the Western tradition of the novel.

Cristina Santos in *Vampires and Witches and Werewolves...Oh My!* examines two vampires (one not-so-fictitious and the other pure fiction), a couple of witches and a female werewolf. Throughout history patriarchal societies have sought to suppress and censor female sexuality, not only creating the dichotomous opposition virgin/whore but also depicting women with a strong sense of sexual identity as deviants or even "monstrous": be it as a vampire, witch or werewolf. Santos elaborates this point further in stating that in reality, in order to forge a true and authentic sexual identity within their socio-cultural environment the majority of female protagonists must confront and overcome this rudimentary male interpretation of a woman's sexuality—that is the desexualized and etherealized virgin and the castigated sexually confident woman. In the end, these monstrous representations of the vampire, witch and werewolf represent both psychological and emotional landscapes that attempt to represent a liberated female sexuality within the irreality of the reality of the male dominated cultural imaginary.

In *Seres mitológicos guaraníes de ayer y hoy*, Olga Mendieta explores the existence of mythical beings in the Guarani culture. These mythological beings, which survived the onset of the conquest, continue to be present within the culture that gave them life. Araujo-Mendieta looks through the Guarani cosmology to concentrate on two of its characters: the wicked *Jasy-Jateré,* the nap ghost and originator of many children abductions; and the frightful *Karai pyhare* or *Pombero*, the lord of the night, master of darkness and the mist, protector of travelers and seducer of young girls. To Mendieta, supernatural beings are an intrinsic part of every culture, their domain is not just the sphere of primitive cultures, as stated by the philosopher Mircea Eliade, but also of so-called "advanced societies". An example of this is the belief in the existence of gnomes in Sweden and Big Foot in the United States and Canada.

In *"Diz-me o que comes e eu te direi quem es": Food, Cannibalism and Identity in João Ubaldo Ribeiro's* Viva o Povo Brasileiro Maria João Dodman examines the act of eating as a major component in *Viva o Povo Brasileiro.* If food, a recurrent motif throughout the novel, establishes cultural, social and economic realities, the act of eating, in this case eating the Other, changes dramatically the relationship between identity and food and brings about similarities and/or differences between characters. The essay, starting from a semiotic perspective, explores how cannibalism is at once an expression of defiance and also of cultural inclusion. Dodman's work studies how the marginal characters of Capiroba—and his later reincarnation in the body of Perilo Ambrósio—attempt, through cannibalistic practices, to narrow the gap between them and the world that rejects them.

In *La obra de Juan Rulfo: Un viaje al "inframundo"* Esther Raventós-Pons establishes a framework based on the merging frontiers between fantasy and reality stemming from the critical works of Jaime Alazraki and Mary Jordan Erdal. Within this framework she examines Juan Rulfo's novel *Pedro Páramo* and his photography as compiled in *Inframundo.* In both artistic forms, the fantastic elements break into an easily believable world, where reality and the supernatural intermingle in a journey where the reader is exposed to the complexities of the Rulfian world, teetering on the verge of the vanishing borders between reality and irreality; and between life and death. In both texts, form and content establish an intricate system of correlations of a rational and irrational nature, which results in graphic and sensorial images that uncover what Raventós-Pons defines as, "an enclosed supernatural world, isolated, desolate, gloomy from which a strong telluric realism appears".

In "*The Animated Forest: Reflections on Galician Cultural Phenomena*" Carolina Ramos reveals magical aspects of the Galician culture as depicted in the novel *El bosque animado*by Wensceslao Fernández Flórez and its 1987 film adaptation directed by José Luis Cuerda. Ramos explains that there is no traditional separation between the tangible or "real" world and the intangible or "paranormal" in this vision of the world. Both coexist intimately linked—very similar to the magical reality of Macondo as discussed earlier by De Marinis. To realize this form of viewing the world, the forest of Cecebre (a village of A Coruña in Galicia) becomes "the animated forest", a setting that unites both worlds. In this scenario, a personified flora and fauna coexist and interacts with both living and dead persons. Guided by the excellent hand of Fernández Flórez, Carolina Ramos focuses on the *Parade of the Dead (La Santa Compaña)*, the Moucha and other witches, three of the supernatural beliefs still alive in Galician culture today.

In *El mundo sobrenatural en la obra de María Zayas y Sotomayor,* Adriana Spahr analyses two works by Zayas: *Novelas amorosas y exemplares* (1637) y *Parte segunda del Saroa y entretenimiento honesto (Desengaños Amorosos)* [1647]. In her research, Spahr examines the generalized belief in the existence of witches, demons, the Virgin, and daily life miracles among the seventeenth-century peoples of Europe and particularly Spain. Based on the philosophies introduced by Julio Caro Baroja, this study focuses on a society that believes in their existence, rather than believing in supernatural beings. Spahr's aim is also to reconcile different interpretations within literary criticism regarding Zaya's work: on the one hand those critics that reject the presence of supernatural beings in her work as being contradictory and, those who, on the other hand, see the supernatural element as being the product of the author's fertile imagination.

Dominique Russell in *What the Centre Cannot Hold* El Día de la bestia *and the Politics of the Supernatural* states that the supernatural in Spanish cinema does not so much persist as reappear occasionally, almost always in "illegitimate," marginal genres. Such is the case of Alex de la Iglesia's *El día de la bestia* (1996), a rare Spanish excursion into the comic-horror genre. This film registers an unease with the official film culture of the PSOE and, on the eve of the election of the PP, a disillusionment with the corruption and broken promises of the socialist reign. The supernatural is the arena in which this resistance is played out. Indeed, the film's fantastical genre is itself a form of resistance to the accepted norm of Spanish filmmaking. Yet the political meaning of this defiance is difficult to discern. This paper examines the "defiant forms of deviance" present in the film and its representation of the paranormal (mixed with the religious and the cabbalistic) in order to question the film's political and social meanings.

Meanwhile in *Realidad fantástica o imaginación fecunda en "El desertor" de José María Merino* Adriana Spahr discusses the narrative techniques used by Merino to create a world where the "real" and the "unreal" coexist in harmony within a literary genre framework of neorealism-costumbrist. Form and content combine so that the fantastic elements mix with the wretched existence of daily living in a Spanish village during the Spanish civil war. The challenge presented in reading this short story is not the acceptance of the characters of the fantastic natural event, but rather the fact that the reader has to walk along the path stipulated by Tzvetan Todorov: to accept that the story presented by the main character as the product of her fertile imagination. Otherwise, the reader has to accept that what was read is true and the world functions with guidelines unknown by the logic of the scientific spirit.

1 Comentarios de Carmen Boullosa sobre algunos de sus personajes sobrenaturales

Cristina Santos y Adriana Spahr

P: En los últimos tiempos ha resurgido dentro de la cultura popular, fundamentalmente dentro de lo que llamamos el mundo "occidental", la fascinación por los "monstruos", las brujas, los vampiros, y otros seres sobrenaturales que han sido parte del imaginario cultural de los pueblos por milenios.
—¿Por qué crees que este fenómeno ha resurgido con tanta fuerza en los últimos años y sigue fascinando tanto a los escritores como a los lectores?

R: Vivimos en una época terrible. Creo que la fascinación por los "monstruos" dichos viene del culto por "Lo Depreciable" y "La Depreciación de lo Admirable". No están en el código moral "ambiente" los valores considerados por tradición básicos, indiscutibles o elementales a resultas de la revuelta romántica: La vida de una persona como algo irremplazable y único, la memoria como el punto de partida. ¿Dónde fue a dar el sueño atesorado por siglos: "La Humanidad es Una"? Los estadistas ya no prometen un futuro común para el Hombre. Se han olvidado otros "valores" clásicos: el culto por nuestros ancestros y por lo que ellos representan (de nueva cuenta, la memoria). Estas convicciones, que debieran ser inapelables, puntos de partida, han sido arrasadas por un "Nuevo" código de valores que consiste, no en una eliminación del "Centro", no en la derrota de "El Poder", sino en una suplantación. Lo desechable ocupa el lugar antes ocupado por lo Eterno: ya nadie vale nada, ya nada vale nada. La fascinación contemporánea por los "monstruos" se explica en este contexto. Por una parte, la imantación no está ni en el héroe ni en la figura ejemplar. Por la otra, quien no esté dotado de "virtudes" encarna mejor al protagonista con el que se vencerá en las aventuras imaginarias, de una manera "ejemplar" o "modelo" las vicisitudes de la vida real.

Es una época terrible, pero algo que habla a su favor es que aquí y allá presenta doble filo. Puede ser que se esté llevando a cabo una "Revolución" en el terreno imaginario. Y que ésta llegue a tener hijos más fértiles que las otras recientes. Puede ser que se esté haciendo una recodificación y no simplemente un despojo del Humanismo.

P: En tu obra "Isabel" tenemos como personaje principal una vampira; en "Cocinar hombres" a Ufe y Wine, dos muchachas recién iniciadas como brujas; y en el poema "Loba comida" (en el libro La delirios) *a una mujerloba.*
—¿Qué te ha llevado a ti a escribir sobre estos temas?

R: Escribí estos textos hace una década o más. Si es cierta su teoría, soy más antigua que el código ambiente. Para mi generación, la meta era destruir el Centro, entre otras cosas porque la noción que provenía del Centro de lo que era una mujer, nos destruía, pero además porque entonces todavía soñábamos con cambiar el mundo "cruel" e "injusto" por un mundo mejor para todos, con un sistema más igualitario, etcétera. Y no sólo era por el bien comunitario. Había que destruir el Centro porque era un asunto de defensa personal, nuestra arte marcial de uso cotidiano. Como mujer de una cultura católica, como artista, como "lefty", yo—y mis pares—debía—debíamos—intentar derrocar al Centro. Para que mi esquema de valores sobreviviera, para que mi persona no fuera arrasada. Para que yo tuviera de dónde oxigenarme. Si su tesis tiene razón, es por una mera casualidad que me inserto en una obsesión vigente, contemporánea, actual. Lo mío viene de atrás, de la generación generada por la Resaca de los sesentas, por su hija: los setentas.

P: ¿Por qué has convertido personajes tradicionalmente masculinos en femeninos?

R: No podían interesarme en masculino. En masculino eran tradicionales: en femenino, me parecían una subversión. Por defender mi feminidad, mi persona, mi identidad, mi oxígeno, mi espacio social, yo echaba mano de ésas. Y porque eran personajes que yo conocía desde mi infancia, con los que yo había crecido, a los que manejaba como recursos, bien imágenes, bien metáforas, bien encarnaciones de obsesiones, etcétera.

P: Tus personajes femeninos demuestran una identidad sexual muy marcada, contrariamente a lo que se espera de la mujer en nuestra sociedad. ¿Crees que la sexualidad es la clave de su liberación?

R: Sí, y no. En un contexto católico, la sexualidad es la llave maestra con la que se puede acceder a la liberación o al infierno, a la cárcel perpetua, al encierro, a la perdición, o a la liberación. Fuera del mundo opresivo de la cultura católica, no. Me tocó la suerte—mala—de crecer en un mundo católico y ser mujer. Ahí los hombres tienen más espacios de escapatoria. La mujer tiene por modelo a la Virgen María. El hombre tiene a Dios, a menos que quiera pasarse la vida haciendo el papel de hijito. Cualquiera que sepa trasponer el umbral, ser viril, será un Dios. Cualquier mujer que trasponga la infancia, verá como su ideal a la Virgen.

La sexualidad ejercida, el placer, destruyen la fórmula.

Ya traspuesto el umbral, desde mi punto de vista la sexualidad deja de ser una llave de liberación.

P: ¿Por qué la "monstruosidad" de Isabel, Ufe, Wine, y la mujerloba está íntimamente ligada a su grado de sexualidad?

R: Seguramente por responder a la figura de la Virgen. En ella, la torre de marfil, la más bella de todas, la perfecta, cabían todas las cualidades porque era virginal. De modo que elegir el ejercicio de la sexualidad, debía elegirse también una nueva representación de la identidad que fuera voluntariamente "monstruosa".

P: En tus escritos se percibe esta casi ecuación tradicional y culturalmente aceptada "sexualidad femenina = monstruosidad femenina". ¿Por qué si por un lado pareces criticar y destruir esta preconcepción, por el otro la usas?

R: Por la fórmula que he dicho de la Virgen. No escribo panfletos, manuales a seguir, sino que mis mundos imaginarios son representaciones de malestares culturales.

P: Volviendo a tus "monstruas," ¿cómo defiere esta sexualidad femenina "monstruosa" de la vampira Isabel y de la mujerloba de sus contrapartes masculinas tradicionales?

R: La sexualidad, en ese mundo cerrado, puede ser derecho de los varones. Pero no de las damas. Los hombres son feos, fuertes y formales. La figura ideal masculina, en ese mundo, no aspira a la pureza ni a la belleza. Esto ha cambiado muchísimo. Sólo ver los anuncios, el lenguaje de los comerciales: ahora los hombres son bellos, las mujeres tan delgadas que han perdido algunos de los atributos considerados femeninos. Las bellas se han masculinizado hasta cierto punto, los bellos feminizado.

P: Bram Stoker inmortaliza al hombre como el primer vampiro, sin embargo, de acuerdo a la mitología de Malasia es una mujer la primera vampira. Ella estando embarazada pierde a su hijo y el dolor la lleva a convertirse en vampira y como tal trata de apoderarse de los hijos ajenos.
—¿De dónde surge el personaje Isabel?
—¿Surge de un personaje histórico, literario, mitológico, con raíces mexicanas o universales?
—Las vampiras popularmente existen desde la aparición de Drácula. ¿Por qué crees tú que el término "vampira" no está contemplado en el diccionario de la lengua española, como tampoco los términos "mujerloba" y "monstrua"?

R: Isabel nació de un estado de dos estados de ánimo: el mío y el de la ciudad de México. Es una novela que literalmente vi "ocurriendo" en mi ciudad.

Esa vampira malaya suena un poco a nuestra Llorona, ¿no es verdad? Pierde a sus hijos y entonces se vuelve un monstruo temible. El pueblo las teme. Llorando a los hijos, ponen en jaque al pueblo. Isabel se convierte en vampira también por una pérdida. Pero no escribí *Isabel* pensando en la Llorona, sino en la figura del vampiro, específicamente en una "vampiro". A Isabel el pueblo no la percibe, no es objeto de temor. Es anónima. Se desplaza sembrando su mal sin que la puedan detener, cruza fronteras, no la señalan ni la detienen. Termina porque ella se suicida, no porque alguien acabe con ella.

En el Diccionario no encontraremos la palabra "vampiro", lo cual no sería tan significativo—no aparece tampoco la palabra "personaja", que yo sí uso—si no fuera porque "vampiro" no es un término bisexual, sino definitivamente masculino. No cabe decir "vampiro". Y mi personaja es precisamente esto: una vampirA.

P: También hemos notado en Soledumbre *un rescate al revés de los cuentos de hadas tradicionales. Por ejemplo, en el cuento "Blancanieves" le das voz y protagonismo a la reina, induciendo a los lectores a comprender mejor la problemática de una mujer que sufre los efectos de una sociedad que sólo valoriza en la mujer su juventud y su belleza.*
—¿Crees que este concepto de belleza femenina lleva a la mujer carente de estos atributos a sentirse marginada, censurada o silenciada dentro de la sociedad?

R: No estoy segura de que nuestra cultura sólo valore en la mujer la juventud y la belleza. No por encima de sus deberes maternos. "La suerte de la fea, la bonita la desea", lo aprendí de niña. La belleza era también un riesgo.

Si la belleza fuera un bien absoluto, sería incapaz de hacerle mal a nadie. La belleza es—por supuesto—una construcción cultural. En mi generación—todo ha cambiado mucho—se alentaba a los varones a encontrar una mujer no demasiado bella. La belleza "demasiada" era también un lío. La mujer debía ser el hogar, el orden, la madre, la pureza.

Las cosas han cambiado. De que yo escribí esos personajes hasta el día de hoy, han pasado muchas cosas. México y el mundo han cambiado a una velocidad vertiginosa. Ya no sé si las jóvenes de hoy conocen e introyectan el dicho: "la suerte de la fea, la bonita la desea". Pero sí continúa ligándose la belleza femenina a un posible poder destructivo.

P: ¿Crees que las mujeres que no se consideran bellas se ven obligadas a aceptar, por descarte, el culto de la virginidad, de la pureza, del ser no sexual definido por el culto a la virgen?

R: Definitivamente no. Opino que es precisamente en sentido inverso. El culto de la virginidad viene primero. El ideal Mariano está en el cogollo de un malestar cultural muy costoso para los individuos de ambos géneros. El cuerpo como un imán del mal es hijo del ideal Mariano. Oh, María, madre mía, pura, virgen, casta, ajena a todo tipo de deseo, la sin cuerpo, la que fue sólo vehículo, intocada. Torre de marfil. Le llevábamos flores todas las tardes en el mes de mayo, que era, no sé todavía por qué, su mes. Flores blancas, para celebrar su pureza.

P: En La Milagrosa *demuestras que para que la mujer alcance su completa identidad (sexual y emocional) debe despojarse de su virginidad.*
—Pero, ¿por qué La Milagrosa al realizarse como un ser sexual tiene que perder sus poderes?
— Y ¿por qué es excluyente su identidad individual y su identidad social como "la milagrosa"?

R: Porque por sus poderes no es una mujer: es un ser a la mitad, es una intocable. Es una escenificación de la Virgen. Lo que le hace falta a la sociedad en que habita, no es una mujer con "poderes", sino democracia, justicia social, legalidad. Y mujeres que ejerzan sus derechos sexuales, que puedan acceder a una vida sexual y laboral completa.

P: Si tenemos en cuenta que las mujeres que rompen las barreras fijadas por la sociedad se convierten en monstruos (brujas etc.), ¿podemos esperar que La Milagrosa aparezca en tu próximo libro como bruja?

R: Absolutamente no. La Milagrosa es un figura simbólica de un momento político mexicano. Si volviera a aparecer, sería tal vez activista política. Tal vez la asesinarían por meterse en lo que no le importa. Pero no sería una monstrua, ni siquiera a la manera "normal", como es el caso de Elba Esther Gordillo, quien fue largo tiempo líder del sindicato único de maestros en México—quien ha llevado el bolsillo de los maestros a la ruina vía sindicato entreguista y corrupto, y ayudado al deterioro de la educación pública en México—.

En ella se da lo contrario que en las otras "personajas" mencionadas. Llega al mundo de un espacio mítico, consigue humanizarse. No es la Virgen en la Ascención, sino el descenso de la diosa, su humanización.

P: A tu entender ¿existe un rescate diferente en tus personajes femeninos? ¿O sólo se ha cambiado el rol de la mujer por el del hombre? ¿Los hombres son víctimas y las mujeres victimarias?

R: No hay una mecánica común en estos personajes. La mujerloba es la voz de un poema. Es mito puro. No actúa con lógica novelista, no está atada a la narración, a la exigencia y cordura que piden los actos y los hechos. No tiene victimarios, habla de una experiencia erótica. Usa la retórica de la poesía erótica que ha pasado de generación a generación desde los tiempos de los cátaros. Isabel tiene víctimas, sí, pero ella es víctima de una pérdida—y en ese sentido se parece algo a la Llorona—. Es otra irresponsable en un mar de irresponsables, hombres y mujeres por igual. Se la llevó la marea de la historia. La Milagrosa es una verdadera protagonista, representa un momento de tránsito.

Los textos son muy diferentes, los papeles de las "personajas" también totalmente distintos. Aplicar una misma fórmula para todas es ignorar la existencia del texto literario.

P: Si bien encontramos un rescate popular de las "monstruas", ¿cuánto crees tú que ayudan a valorizar la identidad de la mujer? ¿Crees que estos cambios son profundos o superficiales? Ya que todos los días vemos tanto brujas como vampiros en la televisión o el cine pero tan bellas, jóvenes, y blancas como Blancanieves.

R: Imposible abarcar una variedad tan compleja así a la ligera. No puedo contestar esto sin entregarme al estudio—que sería fascinante—de estas figuras en, por ejemplo, películas recientes. La variedad es inmensa. Hace un par de semanas vi una "bruja" que aparece en *Kung-Fu Hussle*: la casera, el cabello en tubos y vestida en bata, arbitraria y atrabiliaria con sus inquilinos, injusta, insatisfecha, resentida y abusiva, súbitamente se transforma en otro tipo de "bruja" dotada con los poderes necesarios para derrotar a la Pandilla que amenaza el "orden" de la vecindad. Su fuerza está en su voz, pero en lugar de gritar como hacía con sus inquilinos, ahora canta, y es tal su poder que vence al más destructivo de todos los destructores.

No es bella. No es joven. No es sexy. Es una matrona sin encantos sexuales. Tampoco es especialmente fea. Es absolutamente común y corriente, la encarnación de un lugar común: la señora en bata. Pero salva al "pueblo" de la violencia imbécil, de ser arrasado e incorporado a una ola "global" de machetazos.

P: Según Barbara G. Walter en The Crone: Woman of Age, Wisdom, and Power*: "Women who dared to be defiant were often called ugly—that is, sexually unattractive—even when their appearance was wholly irrelevant to the issue. Therefore the witch became, as a stereotype, both old and ugly" (139.) ¿Qué opinas tú de esta frase?*

R: Que todo es relativo. De Elena Garro se cuenta que era bellísima, con todo que en las historias que circulan de ella en los corrillos literarios muy a menudo es una bruja, una bruja "bonita". De Elenita Poniatowska nadie dice que haya sido o sea fea, qué va, y ha sido una heroína, desde su libro sobre la matanza del 68, pasando por múltiples ejercicios de periodismo valiente. No hay, por ejemplo, sino una mujer en El Colegio Nacional, Beatriz de la Fuente. Y a pesar de eso no se dice de las que desafían el orden que sean especialmente feas. Claro, en México no vemos fea ni a la Muerte… Pero sí nos distinguimos por misóginos, y como muestra el ejemplo de El Colegio Nacional el mundo intelectual es especialmente misógino.

Pero puede que tengan ustedes razón, que nos llaman "feas" y no me entero porque como en México pocas cosas son frontales…

P: Tanto como tú has hecho en "Isabel" y en Soledumbre , *Alice Carter en* The Bloody Chamber y Strange Things Sometimes Still Happen: Fairy Tales from Around the World *y Anne Rice en su colección* The Vampire Chronicles *y en su triología erótica de* Sleeping Beauty *escriben sobre vampiros y también hacen una re-escritura de cuentos de hadas tradi-*

cionales. En tu opinión, ¿es una coincidencia que las tres trabajen sobre temas aparentemente tan disímiles o existe una conexión entre ello?

R: Son proyectos narrativos muy diferentes, es un poco arriesgado hacer conexiones, son dos autoras muy diferentes. A las dos las admiro, por muy diferentes razones. Pero puedo aventurar una posible conexión: tanto los vampiros como la Bella Durmiente son personajes mítico-legendarios. Nos fueron narrados cuando éramos niñas. Nos hablaron con esa arma poderosa que es la imaginación. Las rescatamos de nuestras memorias más antiguas. Y somos narradoras que escribimos desde nuestra infancia, con nuestra infancia, con nuestras primeras memorias, con aquello que entonces resonó de manera especial en nuestro imaginario. En lugar de elegir a la Virgen, elegimos estas otras, eran más para nosotras.

Insisto: es simplemente una conjetura, no sé si atina. No me atrevo a agrupar y a dar una explicación común para proyectos narrativos tan diferentes.

2 La fuerza curativa y el poder de las hierbas: Entrevista a Don Ruperto Araujo-Villar

OLGA MENDIETA Y ADRIANA SPAHR

Al llegar a la parada de ómnibus de Jardín América, tímidamente preguntamos a un taxista si conocía a Don Araujo. Se sonrió invitándonos a subir a su vehículo. Inmediatamente empezó a contarnos no sólo la historia del día que Don Araujo curó a su hermano sino otras historias semejantes. Paró su automóvil al llegar a la plaza y señaló a un costado de la misma. Allí venía con sus flamantes 97 años Don Araujo. Se paseaba lleno de vida y

energía por el pueblo que él vio nacer y crecer. Llevaba de lazarillo a su bastón pero en su mirada se vislumbraba un dejo de picardía y vivacidad que seguramente siempre había tenido. Se detenía a cada rato. Nadie pasaba a su lado sin saludarlo y sin un gesto de agradecimiento. Un agradecimiento de más de 60 años en los que ayudó generosamente a paliar enfermedades que muchas veces la medicina institucional no podía curar. Y ahí estábamos nosotras, simplemente esperando la oportunidad de acercarnos y hablarle. Con la sencillez que lo caracteriza aceptó contestarnos unas preguntas. Y de allí nos fuimos a su casa.

P: Cuéntenos sobre su vida, por ejemplo ¿Cuándo y dónde nació? ¿Cómo vino a vivir acá?

R: Nací en 1908 en Villa Rica, Paraguay. Nosotros éramos dieciséis hermanos de dos madres diferentes pero del mismo padre. Yo fui el quinto hijo. Llegué a Argentina en 1948 con seis de mis hermanos, escapando de los males de una de las tantas revoluciones que tuvo mi país.... Me instalé aquí en Misiones, cerquita de la frontera con la esperanza de volver a Paraguay cuando la situación política se mejorara...pero después...vino la dictadura de Alfredo Stroessner y entonces sí que se hizo difícil volver.... Stroessner era muy sanguinario, no perdonaba a nadie...nuestra familia era del partido Liberal...con él y el partido Colorado en el poder durante tantos años el exilio se hizo eterno.... ¿Si participábamos en política? Bueno, nosotros desde que yo recuerdo fuimos todos del partido liberal y mi papá fue hasta comisario. Desde chicos nosotros usábamos un pañuelo azul para diferenciarnos de los Colorados. Y le digo más, en mi casa estaba prohibido usar el color rojo, ni siquiera podíamos ponernos una camisa con un pequeño bordecito colorado. Ni mis hermanos ni yo hemos usado ni usaremos ese color. Recién ahora mis hijas usan ropa roja, ellas dicen que está de moda...ellas crecieron aquí y no existe la misma costumbre.... En Paraguay no era secreto que la familia Araujo era del partido Liberal, todo el mundo sabía de qué partido era cada familia. Cuando era chico hasta era divertido pelearse con un amigo por el color del pañuelo. Pero la cosa cambió cuando empezamos a crecer y a vestirnos como hombres, con un poncho azul al hombro y a usar puñales...muchas veces las peleas eran a muerte.... Y subió el partido Colorado en el año 48, el nuevo comisario de la zona vino a verme...con él nos conocíamos desde chicos. Me dijo que las cosas habían cambiado, que no era como antes, que me hiciera del partido Colorado así toda mi familia estaría protegida, si no me iba a tener que detener y él no sabía lo que nos podía pasar. Él había recibido la orden de matar a los que se negaran a seguir al partido Colorado.... Yo no podía traicionar ni a mi conciencia ni a mi familia. Me reuní con mi familia, todos pensábamos igual, la única solución entonces era pasar a Argentina.... Bueno, con mis hermanos nos instalamos aquí, casi no había nada en ese entonces, solo monte...por donde ustedes miraran había monte...pero nosotros éramos felices porque nuestra familia estaba a salvo.... Mucha gente del Paraguay siguió llegando. Luego vinieron los polacos y los alemanes. Al poco tiempo bautizamos este lugar con el nombre de Jardín América. El mes pasado se celebró el 59 aniversario. Siempre voy al cumpleaños del pueblo, la gente quiere que vaya y yo voy porque soy uno de los pocos pioneros que quedamos...

P: ¿Por qué la gente de la zona viene a verlo?
R: Viene a que yo los cure porque no tiene plata para ir a ver al doctor....

P: ¿Por qué no van a la sala de primeros auxilios, que es gratis?
R: Porque no pueden pagar las medicinas que les recetan. También vienen porque algunos no se curan con el doctor. El doctor puede curar muchas enfermedades, y a veces yo le digo a la gente que tiene que ir a verlo porque se tiene que operar...tiene que tomar medicinas, pero hay enfermedades que el doctor no conoce. Él no las cura porque no llega a ese conocimiento. No puede curar "el fuego de San Antonio" o "la culebrilla"[1]. Yo curo esta enfermedad con una oración especial invocando el nombre de un santo. Cada santo tiene un poder especial que Dios le dio.

P: ¿Cuándo empezó a curar?
R: La primera vez que curé fue en Paraguay y tenía más o menos cuarenta años, lo hice con una oración que me enseñó mi hermano mayor. En esa época se vivía en pequeñas comunidades formadas por miembros de una misma familia,...la gente vieja pasaba sus conocimientos a la gente más joven que poseía la aptitud necesaria para mantener esa tradición medicinal. Allí aprendí a utilizar algunas hierbas y aquí en Misiones descubrí el poder curativo de otros *yuyos* [hierbas]...

P: ¿Ud. puede transmitir estos conocimientos a cualquier persona?
R: Cualquier persona que tenga fe e interés de curar a los demás puede hacerlo. Una vez que yo estuve muy enfermo y no podía atender a la gente que venía a verme, le enseñé a mi hija mayor Agueda, algunas oraciones para curar. Porque siempre tenemos que hacer algo por los demás. Tenemos

que ayudar a la gente. Yo enseñé a muchas personas a curar, pero no todos pudieron hacerlo, les faltaba ese don especial, no tenían suficiente confianza en Dios ni fe en lo que estaban haciendo. Lo verdaderamente importante es tener fe. Creer, sentir lo que se está haciendo.…Yo hasta los noventa años curaba a todo aquél que necesitaba. Pero ahora ya no tengo las mismas fuerzas para curar a los adultos. Ellos me sacan mucha energía, por eso sólo curo a los niños.… Muy de vez en cuando, curo a algún adulto conocido o a mi hermano menor. Él me cura a mí cuando lo necesito.

P: ¿Ud. puede percibir cosas que la gente común no puede?
R: Yo no me considero diferente al resto de la gente. El enfermo me dice lo que siente, el dolor que tiene, o dónde le duele y de acuerdo a eso puedo saber lo que le pasa. Si me parece que el enfermo tiene algo grave le recomiendo que vaya a ver al doctor.… Cuando llegué a este lugar no había ningún doctor y fue cuando la gente comenzó a venir a verme y sigue viniendo…pero tampoco me considero un curandero, todo lo que sé, lo aprendí para ayudar a los demás. Principalmente a la gente del medio.… Curaba a ricos y pobres, a personas de todas las edades.… Pero ahora que estoy más viejo, sólo curo a los niños. Es más fácil curar a los niños porque ellos están limpios de odios y rencores, no tienen pecados y son inocentes, los curo siempre con oración…

P: ¿Siempre cura con la misma oración?
R: No, las oraciones son diferentes, en algunas oraciones ruego a santos y en otras a Dios todopoderoso. Cada santo tiene el don que Dios le ha dado. A veces le pido a la Virgen, que interceda por nosotros ante su Hijo.… Una de las oraciones que más utilizo ahora es para curar el *mal de ojos* cuando las mamás me traen a sus bebés con esta enfermedad. No se sabe muy bien de dónde viene, no se sabe si viene por el aire, el sol, la luna o los astros. También puede ser que una persona adulta con mala intención, mire al niño y le cause *mal de ojos*. Los adultos, fundamentalmente los débiles, pueden también tener *mal de ojos* y los curo.… Pero las enfermedades más comunes son el empacho[2], el ojeo[3], los dolores de cabeza, las anginas[4] y rendiduras[5], pasmadura[6], picadura de víboras, araña, raya, y todo tipo de bicho ponzoñoso. Se curan con la oración.… En algunas ocasiones cuando hago esto para curar a la gente, le recomiendo también que tomen *yuyos*.… Bueno, por ejemplo, para el malestar estomacal les digo que tomen té de *ka'aré con verbena*; para el dolor de cabeza, *altamiza*; para la pesadez del estómago *marcelita,* para las irritaciones internas como la úlcera se usa *cangorosa; carova* para purificar la sangre y para el reuma fricciones de *pipi con alcohol*.… Ustedes quizás conozcan algunas de estas cosas porque me

dijeron mis hijos, ya hace tiempo, que hay negocios en la ciudad que venden algunos de estos *yuyos* y también, que los exportan para otros países.... Como les decía, la gente viene a verme y las curo porque creen, y tienen fe en lo que hago, pero jamás les cobro, porque el que cura es Dios. Curo en nombre de Dios, soy un esclavo del Señor, estoy a sus órdenes, él me dio esos dones para que ayude a la gente. Nunca cobro...Dios no anda entre los negocios....

P: ¿Qué es lo más importante en la vida?
R: Es no tener malos pensamientos hacia los demás y tener una vida feliz, en armonía con la naturaleza. Yo viví siempre en contacto con la naturaleza, porque soy campesino. Nunca quise ir a la ciudad porque la gente en la ciudad vive muy acelerada y se enferma más que la gente del campo. Aprendí a vivir de lo que da la chacra. En el campo se vive más tranquilo y se come más natural.... Se levanta uno temprano y escucha los trinos de los pájaros y observa el cielo limpio.... Creo que nos hace falta valorar lo que tenemos en la tierra y disfrutar de esta hermosa naturaleza. Ser agradecido con la vida y con Dios. Darle las gracias por poder levantarnos, hablar, caminar...porque todo está en sus manos. Lo más importante es amar a Dios sobre todas las cosas. Todos los días cuando me levanto, lo primero que hago es saludar a Dios haciendo la señal de la Cruz, porque Él es nuestro Padre Celestial. Yo le rezo todos los días, no importa donde esté y a la hora que sea porque para Él no hay distancia ni tiempo, siempre nos está escuchando.

P: ¿Cuándo Ud. reza, también reza por los muertos?
R: Sí, como todo el mundo, porque el espíritu de los muertos sigue viviendo entre nosotros. Cuando rezo por mis muertos sueño con ellos y eso es para mí como una señal de que me están escuchando y están vivos.... Todos nos podemos comunicar a través del sueño. Cuando dormimos nuestro espíritu se separa del cuerpo. Mientras el cuerpo descansa el espíritu viaja por el aire y a veces se encuentra con otros espíritus.... El sueño es parte de la realidad, por eso nos podemos comunicar con nuestros muertos. Ellos hablan con nosotros, nos pueden prevenir sobre algo malo que nos puede ocurrir, o agasajarnos por algo que hicimos bien...como ocurriría si estuvieran vivos.... Claro, como ya le dije, si nosotros queremos comunicarnos con ellos tenemos que rezarles.... Ellos están bien, no gozan ni sufren, están en paz.... Pero es una vida temporal, hasta que les llega el juicio final. Pero déjeme que le diga una cosa. Uno también puede comunicarse con el espíritu de los vivos a través de los sueños. Anoche mi espíritu se encontró con el de

mi hijo Aureliano que vive en Buenos Aires, y estuvimos sentados justamente aquí, charlando.

P: ¿Y Aureliano se acuerda de eso?
R: No sé, eso habría que preguntárselo a él. ¿Ud. se acuerda de todos sus sueños?

P: Cuándo uno se muere ¿Adónde va?
R: Vamos al cielo, de donde venimos. Dios es nuestro creador y el que pone fin a la vida. Cuando morimos nos presentamos a Dios.... No, no nos quedamos en el cielo, tampoco en el purgatorio. El purgatorio está en la tierra, porque es aquí donde sufrimos mucho y pagamos nuestros pecados. Cuando morimos nuestras almas andan por el mundo, algunas se quedan cerca de sus familias para protegerlas…y así hasta el día del juicio final. Los únicos que no tienen que esperar el día del Juicio final son los niños. Cuando ellos mueren van directamente al cielo porque ellos son inocentes, no tienen pecados, pasan a ser angelitos. Y ahí se quedan eternamente, al lado de Dios.… Los que no son niños, debemos esperar…. No, no se sabe cuánto tiempo debemos esperar…. Ni los ángeles del cielo lo saben, ni siquiera Jesús sabía cuándo iba a regresar a la tierra. Cuando los apóstoles le preguntaron a Jesús cuándo iba a volver, él respondió "solamente mi Padre que está en el cielo lo sabrá"…. El día que Jesús regrese será el día en que serán juzgados los vivos y los muertos. Luego, estaremos de nuevo en la tierra en cuerpo y alma. Ese será el día de la resurrección. Nosotros debemos estar contentos porque nosotros no tenemos mucho que esperar…. Jesús dijo que iba a dejar algunas señales para indicar el principio del fin. Y esas señales las estamos viendo: grandes inundaciones, terremotos, sequías, hambre. No hay que tener miedo a la muerte, yo no le tengo miedo a la muerte. Hay que tenerle miedo al pecado porque Dios sabe cómo vivimos en la tierra, si cometimos pecados o no. Claro, la salvación es para todos, inclusive para los pecadores. Hay gente que comete muchos pecados en su vida pero si se arrepiente antes de su muerte puede ser perdonado el día del juicio final.

P: ¿Cómo fue su infancia?
R: Mi infancia fue muy sana, siempre en contacto con la naturaleza. Vi a un doctor por primera vez a los veintiún años, cuando un conocido lo señaló a distancia y me dijo "aquel que va allá es el doctor". No había médico con títulos en la zona. Más o menos cada cinco leguas había un *médico de yuyos*, que sabía más sobre *yuyos* que nuestras familias. Nosotros nos curábamos entre nosotros porque teníamos y seguimos teniendo todos los remedios que

necesitamos: las distintas cáscaras y raíces de árboles, los *yuyos*... Todo lo que nos da la naturaleza. Todos los padres conocían los remedios para curar a su familia. Así, fui conociendo desde chico las propiedades de cada planta. Yo siempre viví en la chacra. Nosotros vivíamos netamente de lo que sacábamos de allí, el maíz, el poroto, la yerba mate, la mandioca, los productos vacunos como el queso, la leche, la carne.... Lo único que comprábamos era la sal. Como chico, a mí y a mis hermanos pequeños nos tocaba darle de comer a los caballos, a los chanchos, a las gallinas, juntar los huevos, llevar a pastar los vacunos, en fin, nos encargábamos de todos los animales. Los hombres de la familia se dedicaban al cultivo y a la cosecha. Mi mamá, mis hermanas mayores y mis tías, como todas las mujeres, se levantan todos los días antes que los hombres, a pisar el maíz para hacer el desayuno, ordeñar la vaca, cuidar la huerta, también cocinar, limpiar y cuidar de los chicos más pequeños. Por esa época mi papá trajo al primer maestro a la casa para que los chicos aprendiéramos a leer y escribir. A lo mejor para que Ud. me entienda debo aclarar que cuando digo familia me refiero también a la familia de mis tíos y mis abuelos y los abuelos de mis primos que vivían cerca de nosotros. Todo lo hacíamos juntos. Pero siempre había algún matrimonio dentro de la familia que decidía lo que era mejor para todos.

P: Hoy se habla mucho del 'estrés' ¿Ud. que piensa de eso?

R: Yo creo que el estrés es un mal de la ciudad, la gente de la ciudad anda contando los minutos, con horario para todo, aunque no haga nada. En el campo lo importante es hacer las cosas. Si no se puede terminar hoy, se terminará mañana. No es que no se hagan las cosas, se hacen.... Las semillas se tienen que plantar, las cosechas se tienen que levantar, a la vaca hay que ordeñarla todos los días.... Pero en mi casa nunca hubo reloj. Nos despertábamos con el cantar de los gallos, y durante el día la sombra del horcón en el suelo nos decía la hora y por la noche nos guiábamos por el lucero [el planeta Venus]. Como le decía yo siempre viví en contacto con la naturaleza y en armonía con ella. Era campesino cuando era niño y lo seguí siendo durante toda mi vida. Ahora vivo en el pueblo pero mis hijos se criaron en el campo, a tres kilómetros de aquí. Siempre comí lo que produce la tierra, me levantaba muy temprano, dormía la siesta y me iba a dormir temprano también por la noche. El cuerpo necesita descansar.... Mascaba tabaco y muy de vez en cuando tomaba un poco de vino o caña. Mis hermanos y yo hicimos la misma vida. Mi hermano menor tiene 92 años y está como yo. Yo creo que llegué a esta edad por la vida que hice y también por la gracia de Dios. Si viviera hasta los cien años sería muy feliz pero si me muriera ahora igual me moriría contento porque, como Uds. pueden ver, yo estoy bien.

Dios no sólo me dio la gracia de tener una gran familia y una gran vida, también la fe para poder ayudar a los demás....

La frase de don Araujo quedó interrumpida porque alguien golpeó las manos anunciando su llegada a la casa de don Araujo. Inmediatamente una señora con un niño de aproximadamente cuatro meses de edad, que casi se ahogaba en su propio llanto, entra a la sala donde estamos nosotras. Don Araujo llama a Agueda. Ella se acerca a la madre y toma al bebé en sus brazos. Le habla tiernamente y lo lleva a la mesa del comedor. Le pregunta a la madre qué le pasa al bebé. Le dice que el niño no duerme desde hace tres días y no para de llorar. Que ya lo había llevado al doctor pero él no supo decirle lo que le pasaba. Su vecina le dijo que podía estar ojeado y que se lo llevara a don Araujo. Después de esta explicación, Agueda puso la mano sobre la cabeza del bebé, mientras susurraba lo que creímos era una oración. No había terminado la oración cuando el niño se había quedado dormido. Agueda le entregó el niño a la madre diciendo que iba a poder dormir sin problemas. Mientras nosotras, las entrevistadoras, nos mirábamos entre desconcertadas y maravilladas por lo que habíamos presenciado.

Notas

[1] Uno de los síntomas de esta enfermedad es la aparición de una marca roja en forma de cinturón alrededor de la cintura, que se va extendiendo. Se dice que si las puntas llegan a juntarse, el paciente muere. Se sabe de muchos casos donde los médicos envían a sus pacientes con estos síntomas para que sean tratados por un curandero.

[2] Problema intestinal/digestivo.

[3] Dolor de cabeza, generalmente afecta a los niños.

[4] Anginas es una inflamación de amígdalas.

[5] Hernia.

[6] Dolor de músculos producidos por el frío.

3 Maravillas, portentos y magia en *Cien años de soledad*

HUGO DE MARINIS

> En algún lugar de la costa del Caribe de Colombia yo vi a un hombre rezar una oración secreta frente a una vaca que tenía gusanos en la oreja, y vi caer los gusanos muertos mientras transcurría la oración.
>
> ....
>
> En Barranquilla, un joven se mostró en los periódicos: había nacido y crecido con aquella cola, pero nunca lo había revelado, hasta que leyó Cien años de soledad. Su explicación era más asombrosa que su cola: "Nunca quise decir que la tenía porque me daba vergüenza", dijo. "Pero ahora, leyendo la novela y oyendo a la gente que la ha leído me he dado cuenta que es una cosa natural." Poco después un lector me mandó un recorte de la foto de una niña de Seúl...que nació con una cola de cerdo....Acompaño esa foto a esta ponencia, como homenaje a los racionalistas incrédulos que sin duda forman parte de la concurrencia.
>
> (García Márquez, "Fantasía" 177–8)

En algunas de las frecuentes ocasiones en que Gabriel García Márquez se refirió a los componentes portentosos, maravillosos y/o mágicos de *Cien años de soledad* (1967), ha manifestado con vehemencia que su contribución a la esfera de lo prodigioso en lo vinculado a la realidad efectivamente existente en el Caribe y América Latina, jamás ha podido superar los acontecimientos extraordinarios que suceden de modo natural en esas regiones. El autor asimismo insinúa que en verdad nunca nadie—esto es, ningún autor—pudo hacerlo en el pasado y que tampoco es de esperarse que esa superación se logre en el futuro simplemente porque las realidades caribeña y latinoamericana, al modo de ver de García Márquez, son portentosas, maravillosas y hasta mágicas de por sí.[1] Por lo tanto el escritor cumpliría un papel menos esencial en el plano estrictamente inventivo que lo que la crítica letrada supondría, limitándose su labor, a la observación y luego a la fiel descripción/trascripción de cualquier acontecimiento natural, humano o sobrenatural que se suscite en esta considerable geografía, extendida, según el colombiano, por todo Centro y Sudamérica, además de las islas caribeñas y el sur de los Estados Unidos ("Fantasía" 177). Si se descuenta la cuota de modestia equívoca de García Márquez—es uno de los escritores insignia del siglo XX latinoamericano—con respecto a su presunta frustración de no poder competir en originalidad con el medio a la vez real y maravilloso que lo circunda, es evidente que el impulso que lo motiva pretende dirigir al no-iniciado o en todo caso al renuente a creer (por lo general los reseñadores de libros o los académicos reacios a desprenderse de una supuesta o real camisa de fuerza racionalista. Para ellos son "las cáscaras de banano" distribuidas a lo largo de la novela (García Márquez & Mendoza 76) hacia la admisión de una realidad distinta o nueva con respecto a la conocida. Una realidad distinta o nueva que es sincrética (Carpentier 114), que puede resumirse como el producto del maridaje caótico de varias creencias primarias de los pueblos originarios con aquéllas de las culturas arribadas posteriormente, entre ellas la africana y, por supuesto, la imperial ibérica de los conquistadores. En este trabajo voy a reflexionar sobre este peculiar sincretismo latinoamericano en *Cien años*, discutiendo un evento sobrenatural puntual, tratando de establecer no tanto sus orígenes como la manera en que funciona, las relaciones y los propósitos de diálogo con otras culturas y estéticas realistas y el valor diferencial de estos saberes en el texto y contexto de la novela. Cotejaré este portento con un par de postulados acerca de ellos por parte de la voz narrativa de *Cien años de soledad* y del propio autor en algunas de sus intervenciones, en especial en la conferencia citada ("Fantasía") y en sus conversaciones con Plinio Apuleyo Mendoza recogidas en el libro *El olor de la guayaba* (1982).

Es necesaria una aclaración antes de entrar en materia en relación con la denominación *portentos*. Excusándome en este primer momento de atender en detalle las concepciones de la academia y de la crítica respecto del *realismo mágico* y de lo *real maravilloso* sus explicaciones respecto de los tales fenómenos (para este tema ver el libro de Enrique Anderson Imbert, *El realismo mágico y otros ensayos* o la obra citada de Alexis Márquez Rodríguez), voy a recurrir a un esquema dual simple para facilitar el orden de este trabajo. Por un lado, entonces, están las cuestiones para- naturales que el mismo García Márquez nombra como sucesos extraordinarios que, sin embargo, no se sitúan más allá de lo que el pensamiento racional pueda reconocer como viables, es decir, localizados o localizables dentro de su propio sistema de conocimiento. En esta categoría se encontrarían, por ejemplo, el tamaño excesivo—fuera de lo común—del río Amazonas, casi dos veces el largo del Danubio o la noción de las proporciones de una tempestad (como un buen ejemplo de esta magnificencia geográfica está la famosa primera oración del apartado XVI en *Cien años*: "Llovió cuatro años, once meses y dos días"[2] [263]), que puede extasiar a un foráneo de visita en América Latina por el simple hecho de que tal manifestación es ajena a su experiencia y a las imaginaciones que desde ella se podrían derivar (García Márquez, "Fantasía" 174). Por el otro lado se ubican aquellos episodios prodigiosos y sobrenaturales que no son en toda su dimensión el resultado de la exuberancia propia ni de la naturaleza ni de la humanidad del Caribe y de América Latina, sino que incluyen instancias metafísicas incomprobables por medio de la razón clásica, es decir, que están localizadas fuera de la materialidad de lo contingente. Aquí se disponen los reclamos del autor/testigo, citados en el epígrafe de este ensayo, donde menciona aquellos gusanos en la oreja de una vaca que son vencidos por la potencia curativa de una oración y las colas de cerdos reales con que se topó el mismo García Márquez luego de la escritura de la novela, que coinciden con su remate en la persona del último miembro de la dinastía de los Buendía. Dentro de esta categoría sobrenatural, en *Cien años de soledad*, se cuentan varias intervenciones prodigiosas y mágicas, de las que ahora aludiré solo a la siguiente, que la elijo porque se inscribe con fuerza en el empeño de elucidación de mi propio proceso de lectura: las alfombras voladoras que la tribu de los gitanos guiados por el personaje Melquíades traen a la ciudad mítica Macondo y que los vecinos de ella no solo ven volar por las inmediaciones del pueblo sino que se las alquilan a los visitantes para probarlas, con una naturalidad que no pone en cuestión la presunta factualidad del evento.

Llama la atención que el dispositivo para referirse a estas dos clases señaladas de acontecimientos más allá de lo naturalmente conocido que el ponente García Márquez utiliza en "Fantasía y creación literaria en América Latina y el Caribe" se asemeja notablemente a la estrategia de su voz narrativa en *Cien años de soledad.* En ninguna de las dos enunciaciones—el texto ficcional y la ponencia—los dos tipos de portentos están divididos (a) en naturales exuberantes y (b) sobrenaturales, como los acabo de clasificar en el párrafo anterior. Tanto la voz narrativa como la voz del ponente se esfuerzan de distintas maneras por habituar estos dos tipos en uno solo, de tal modo que se constituya un cuerpo indistinguible y totalizador, sin formular la posibilidad de escindirlo porque se correría el riesgo de cercenar la comprensión y el alcance de la originalidad propugnada desde el discurso de esta particular estética: el sincretismo, el mestizaje de varias culturas, incluidas las originarias, que se ofrece como propuesta y síntesis diferencial de *Cien años* como novela típicamente latinoamericana y caribeña. Tal mixtura da como resultado la inauguración de otra cultura, nueva, que se empeña en movilizarse fuera tanto del circuito civilizatorio conocido como de una secuencia temporal lógica. A esta mixtura la acompaña una geografía extraordinaria—la selva—cuya existencia resulta tan antigua como el Paraíso de la tradición judeo-cristiana. En la expedición azarosa en la que se repite la búsqueda del mar, impulso originario de los fundadores de Macondo, encabezado por el primero de los José Arcadio Buendía a la cabeza de unos cuantos hombres, la voz narrativa explica: "Los hombres de la expedición se sintieron abrumados por sus recuerdos más antiguos en aquel paraíso de humedad y silencio, *anterior al pecado original*, donde las botas se hundían en pozos de aceites humeantes y los machetes destrozaban lirios sangrientos y salamandras doradas"(15).

La oposición racional/irracional, no se presenta entonces en términos absolutos en la novela debido a las ambivalencias de la narración (que paradójicamente potencian su significación) en su interacción con lo sobrenatural o con lo simplemente exuberante. En la cita de más arriba se identifican ambos planos, aunque la ambivalencia intencional de la voz narrativa no permite un corte exacto que los divida. La oración describe un medio ambiente espectral, figurativamente excesivo, pero aún así comprendido dentro de lo natural fenoménico. Sin embargo y he aquí la repetición de la ambivalencia, a más de la mención del mítico pecado del paraíso judeo-cristiano, se nombra a otra figura de esta misma tradición, la salamandra, que si bien es el nombre vulgar que identifica a una especie de batracio que habita en fangales y pantanos, es asimismo, para los cabalistas, una entidad fantástica que representa el espíritu elemental del fuego. Según una creencia popular generalizada, que probablemente descienda de la cabalística, se trataría de un animal fantástico invulnerable al fuego.[3]

Igualmente, es por lo menos discutible la insistencia del autor en la ponencia en lo que respecta a los sucesos sobrenaturales. Esta insistencia, enunciada como un pleno artículo de fe, se podría interpretar como una presunción *a fortiori* del autor (en este caso, ponente) para vigorizar y diferenciar el carácter mestizo y popular de su formulación ficcional y para promover con firmeza la aceptación de lo sobrenatural entre los lectores, con el objetivo de enfatizar la discrepancia esencial de su proyecto con las teorizaciones de una pretendida razón obstinada, que en la perspectiva de García Márquez, está encarnada por los intérpretes de su obra. También, por otras formas estéticas del realismo de la novela contemporánea o, como califica Edward Said en uno de sus más tempranos ensayos, por aquellos críticos racionalistas que no incluyen en sus recensiones, trabajos de investigación o interpretación la indispensable cuota de una más abierta sensibilidad racional, una pasión ni una urgencia (*Beginnings* 40). En cuanto a las ambivalencias—el grado de verosimilitud—que la voz narrativa de *Cien años* se confiere a sí misma y le confiere a los personajes cuando se abordan los pasajes sobrenaturales, se hallan sentidos múltiples que según el caso, o bien devalúan—o, como dije antes, paradójicamente potencian—las certidumbres de la ocurrencia del evento no real como tal, o naturalizan las condiciones de su existencia. Veamos el caso sobrenatural a estudiar: el pasaje en que en la novela se introducen las esteras voladoras traídas a Macondo por una segunda visita de una tribu de gitanos:

> [Los gitanos] Eran los mismos saltimbanquis y malabaristas que llevaron el hielo. A diferencia de la tribu de Melquíades, habían demostrado en poco tiempo que no eran heraldos del progreso, sino mercachifles de diversiones. Inclusive cuando llevaron el hielo, no lo anunciaron en función de su utilidad en la vida de los hombres, sino como una simple curiosidad de circo. Esta vez, entre muchos otros juegos de artificio, *llevaban una estera voladora. Pero no la ofrecieron como un aporte fundamental al desarrollo del transporte, sino como un objeto de recreo. La gente, desde luego, desenterró sus últimos pedacitos de oro para disfrutar de un vuelo fugaz sobre las casas de la aldea.* (30)

Como Macondo constituye una inauguración más allá del alcance de la civilización—también podría decirse que ha sucedido un corte de lazos con ella, lo que también implica inauguración—sus habitantes desconocen inventos tales como el catalejo, la lupa, el astrolabio, la brújula, el sextante e igualmente el resultado de sus avatares, como que la tierra es redonda, accidente que "descubre" el dedicado y postreramente desequilibrado primer José Arcadio, merced a estos instrumentos del laboratorio de alquimia que le habían sido facilitados por Melquíades (8–11). Otros elementos desconocidos, son por ejemplo las dentaduras postizas (12) o, como dice el pasaje de arriba, el hielo. Aquí aparece una extraña inversión, otra vez, obviamente paradójica, puesto que los instrumentos que sirvieron a otras civilizaciones/culturas provocan en la mayoría de los habitantes de Macondo una sensación de sobrenaturalidad (con la excepción de José Arcadio) que las ocurrencias y los alrededores mágicos de la ciudad, que para ellos son cotidianos, no producen.

Un registro discursivo palpable del pasaje citado es la devaluación doblemente dimensional que realiza la voz narrativa en cuanto a los elementos mágicos e instrumentos científicos que traen los gitanos. Por un lado se encuentra la reincidencia en lo humorístico (multiplicada también a lo largo del libro): aunque estos instrumentos que han ido trayendo podrían ser agentes del progreso de Macondo (por extensión, alusión al progreso de América Latina), la enunciación los disminuye, junto a sus portadores, a la condición de mero espectáculo circense—los gitanos son "saltimbanquis" y "malabaristas"—y se han aproximado a esta tierra desconocida y nueva nada más que con el humilde afán de entretener y el mundano hábito de comerciar. Según la enunciación, las esteras voladoras no contribuirán a la legitimada aspiración de desarrollar los medios de transporte sino a otorgar un efímero placer a los sorprendidos paisanos del lugar, quienes las alquilan como si los hubiese visitado un parque de diversiones ambulante. Igualmente podría inferirse que, tanto las alfombras voladoras como los instrumentos traídos por los gitanos en la primera visita, para los habitantes de Macondo, no hay un marcado interés por ellos porque no los aprecian como necesarios para la formación social en ciernes de la que sí son parte. El lector queda habilitado para inferir que en todo caso estos instrumentos se sitúan jerárquicamente en un lugar subalterno, de diversión y que no puede competir con respecto a lo nuevo prodigioso que representan los alrededores y sus eventos fuera de lo común. De ahí entonces el interés que, salvo para el primer José Arcadio, suscitan las alfombras voladoras, afiliadas al lugar tal vez por su carácter extravagante y por sus condiciones mágicas y más emparentadas con la realidad de la ciudad mítica que los instrumentos de la civilización. Por otra parte están los reproches a los gitanos recibidos desde la enunciación—falta de visión de futuro, "mercachifles"—que reflejan aquí la identidad de ésta con la visión curiosamente racional y desdeñosa de José Arcadio quien luego de ver pasar la estera voladora por la ventana del laboratorio, exclama: "Déjenlos que sueñen. Nosotros volaremos mejor que ellos con recursos más científicos que ese miserable sobrecamas" (31).

Un segundo registro discursivo que llama la atención en el pasaje bajo estudio es la naturalidad con que la narración se refiere a esta estera que vuela: no se aporta ninguna explicación sobre el origen, se la describe tal como la narración dice que la perciben los vecinos y ella misma, decididamente sin cuestionar la factibilidad ni las condiciones de su existencia. Si bien José Arcadio la desprecia, no la niega: se podría deducir de sus palabras que subestima su procedencia—la cultura que la concibió y su esencia onírica—, y la opone a los avances de la ciencia civilizada, en este caso, reencarnados satíricamente en él y sus investigaciones patrocinadas por Melquíades, que equivaldrían a una puesta en evidencia de sus propias ilusiones y fracasos. No se trata de estipular superioridad de una tradición o la forma de tratar el conocimiento—digamos, local (los vecinos) por un lado y visitante (los gitanos) por otro—de una cultura sobre otra. Más bien se intuye una equiparación de ambas en sus deficiencias. En todo caso, el elemento mágico—la estera voladora—se introduce en el flujo narrativo como si fuera un constituyente más del conjunto de lo que se relata, sin que llegue a perturbar su funcionamiento.[4]

Un tercer registro es el que corresponde al diálogo de tradiciones culturales que aparece en el pasaje, que también se reitera en varias ocasiones en la novela y que en cierta medida prefigura la idea de inauguración de una formación socio-cultural y sus interacciones con otras ya existentes. Si bien la calidad de gente errante que se atribuye a la raza de los gitanos los sitúa en un espacio de marginalidad cultural similar en la jerarquía de poder existente en el mundo al de los habitantes de Macondo, los instrumentos y prácticas que en sus visitas van incorporando a la ciudad ya vienen contaminados por los contactos e interacciones que han mantenido en sus migraciones hacia otras culturas, principalmente las europeas. El intercambio de productos, por ejemplo, puede ser una praxis común para cualquier cultura, pero la mercantilización (la disponibilidad de la estera voladora para su alquiler a los vecinos y así la obtención de una plusvalía) es un paso posterior en el desarrollo humano que los habitantes de Macondo, o bien desconocen o lo desechan como actividad trascendente. Por este motivo es que la voz narrativa, además de identificarse con el desprecio supuestamente civilizatorio-científico de José Arcadio, le otorga a los gitanos el peyorativo adjetivo de "mercachifles." Adjetivo, por otra parte, que sin dudas desplaza su alcance hacia un pre-texto histórico, también inaugural: los resultados de intercambios anteriores sucedidos cuando los primeros tratos entre los europeos peninsulares llegados al continente y las culturas nativas originarias de América, con la sed de oro de los primeros y la sorpresa ligera ante la novedad radiante pero superflua, aportada para negociar de los segundos. Los vecinos, sin exactamente la misma noción del valor que los gitanos—que conocen y han incorporado la praxis del intercambio comercial—otorgan al oro, se disponen sin mayores remilgos a pagar con "los últimos pedacitos de oro un fugaz vuelo sobre las casas de la aldea".[5] En otras palabras, si la transacción es juzgada desde el punto de vista de quién se favorece más según el valor de intercambio del mundo civilizado, los habitantes de Macondo salen perdiendo, del mismo modo como fue derrota el resultado del intercambio de los pueblos originarios con la invasión europea a sus tierras. Pero si la transacción se evalúa desde la perspectiva del placer que facilita un entretenimiento efímero pero entretenimiento al fin, nadie pierde, porque cada uno ha obtenido lo que buscaba: el paseo en la estera voladora bien vale los pedacitos de oro, ya que para la gente de Macondo, el oro aún no tiene valor agregado, como tampoco tiene otros valores que se irán añadiendo a la trama, unos adquiridos y luego recreados por el contacto con otras culturas, otros desarrollados por ellos mismos y como es de esperar finalmente el resultado de la combinación de los dos anteriores.

La estera voladora no termina incorporándose a esta cultura inaugural que representa el pueblo de Macondo y que, su vez, alude a América Latina.[6] Pero es solo un episodio más en el torbellino combinatorio de acontecimientos naturalmente prodigiosos y sobrenaturales que acaecen en el lugar donde, según confiesa García Márquez a Plinio Apuleyo Mendoza lo extraordinario, con la mayor inocencia, entra en lo cotidiano. Por otra parte la estera voladora parece solo formar parte del imaginario de la cultura árabe. La razón de ser en *Cien años* tal vez se deba a las versiones popularizadas de ese gran monumento literario de aquella cultura llamado *Las mil y una noches*, que llegaron al autor en su infancia gracias a los esfuerzos oratorios de sus abuelos maternos en la labor de concebir y reproducir historias "...contar la historia como mi abuela me las contaba..." (García Márquez & Mendoza 77). Vargas Llosa ensaya una conclusión parecida cuando se refiere a la historia de García Márquez: "...debería empezar a partir de la rampa de lanzamiento que fueron las historias de la abuela, con la lectura de *Las mil y una noches*..." (183).

Precisamente la infancia de García Márquez es señalada por la crítica como una de las fuentes que motoriza *Cien años*, cosa a la que el mismo autor se ha referido en varias ocasiones, entre ellas, en las conversaciones con Plinio Apuleyo Mendoza:

> ...quise solo dejar una constancia poética del mundo de mi infancia, que como sabes transcurrió en una casa grande, muy triste, con una hermana que comía tierra y una abuela que adivinaba el porvenir, y numerosos parientes de nombres iguales que nunca hicieron mucha distinción entre la felicidad y la demencia. (75)

En esta instancia podemos registrar un cuarto nivel de discurso en el pasaje que venimos estudiando y que en cierto modo interactúa con los tres anteriores: la visión de la narración informada por una perspectiva infantil para la que la mayoría de los percances que se van descubriendo sean novedosos, sorpresivos, es decir, que se adscriben a una totalidad que aún no se corrompe por el advenimiento de los saberes adquiridos después del principio, en este caso, de la inauguración de Macondo. Para este punto de vista discursivo, entonces, no han aparecido todavía las reglas de la lógica que escinden lo real de lo irreal, lo natural de lo mágico, lo verdadero de lo falso. En su proceso de aproximación a lo fenoménico por parte de esta escisión, estas dualidades se tocan, se influencian, conviven conformando un todo que permite aceptar el polo opuesto que se ha escapado de los rigores de la razón civilizatoria. Se acepta sin discusión lo sobrenatural como cotidiano: las esteras voladoras, el tráfago de espíritus por la casa de los Buendía, el vuelo de Remedios la bella, los augurios de Úrsula Iguarán y tantos más que se suceden ininterrumpidamente a lo largo de la novela, aún hasta el final, en que nace el último Aureliano con su cola de cerdo, producto de la endogamia y de haber sido el único engendrado con amor, como punto final de una estirpe que no lo conocía.

Tal cosmovisión infantil, que no es una constante siempre distinguible de la enunciación es la que la dotaría de cierta ambivalencia— potenciación significativa—con respecto a los sucesos sobrenaturales o, al menos lo que mitigaría la fuerza de tales acontecimientos mágicos, como señalé más arriba en cuanto a la devaluación de lo mágico por medio del recurso a lo humorístico: esto es así porque si fuera la de la narración una visión infantil queda por sentado que no sería necesario otorgarle demasiado crédito. Pero a la visión infantil habría que adosarle el signo menos devaluado de la inauguración. ¿Inauguración de qué? Inauguración de una cultura que nace y renace con el continente que cobra vida cuando se encuentran diversas culturas marginales (la africana, la árabe, la caribe nativa) a la que se impone otra, conquistadora (la peninsular ibérica), que también aporta lo suyo a lo que se está formando y arroja como resultado algo que no necesariamente tiene que redundar con una lectura de un final predeterminado, sino que ese final podría abrirse en nuevas inauguraciones, a segundos y terceros nacimientos, donde además de lo que creemos sobrenatural, se acepte quizá, como una perspectiva de cosmovisión distinta y original, no esclava de los límites de la razón civilizatoria ni circunscrita a las formas de conocimiento heredadas de las metrópolis.[7] El fin de la novela es el fin de la transcripción que realiza el penúltimo de los Aurelianos—Aureliano Babilonia—de los manuscritos de Melquíades, que resulta ser la historia de la familia de los Buendía. Es el fin de una secuencia temporal, que se encuentra superpuesta a otra atemporal, la historia niña, la historia al mismo tiempo ambigua y plurivalente: una alegoría tal vez no del género humano, pero sí de la narración de la historia de ese espacio nuevo, inaugural, que ocupa América Latina y el Caribe en su lucha por encontrar su camino, su identidad, su sentido.

Notas

1 En América Latina y el Caribe, los artistas han tenido que inventar muy poco, y tal vez su problema ha sido el contrario: hacer creíble su realidad. Siempre fue así desde nuestros orígenes históricos, hasta el punto de que no hay en nuestra literatura escritores menos creíbles y al mismo tiempo más apegados a la realidad que nuestros cronistas de Indias. También ellos—para decirlo con un lugar común irremplazable—se encontraron con que la realidad iba más lejos que la imaginación. (García Márquez & Mendoza 174–75)

En esta exposición también se puede notar la diferencia o el corte entre dos prácticas estéticas —el realismo mágico y el surrealismo—que algunos críticos como Neil Larsen (127–37) o Alexis Márquez Rodríguez emparientan en mayor o menor grado. Márquez Rodríguez manifiesta que en tanto el surrealismo indaga como fuente de lo maravilloso en la mente humana, la estética de García Márquez y de los latinoamericanos que se adscriben a esta modalidad recurren a la realidad que los rodea "tanto en su dimensión natural, como en la histórica, social o psicológica" (42).

[2] A más de la exageración de esta pequeña oración que alude hiperbólicamente a la feracidad del medio ambiente en que se desarrolla la novela, hay en este pasaje, como en gran parte del texto, por lo menos, otros dos registros adicionales: 1) la precisión del tiempo exacto en que transcurre el diluvio por un procedimiento periodístico que enfatiza el detalle para supuestamente dar mayor credibilidad a la afirmación y 2) el registro de leve desplazamiento humorístico, también presente a lo largo de la novela, que implica una pretensión de verosimilitud, entre otras cosas, por el contexto de la oración—un episodio paradójicamente dramático que se propone significar los excesos de un clima particular en un trabajo de ficción—que no requeriría ese tipo de exactitud. Luego volveré a analizar el carácter polisémico de la novela cuando estudie el pasaje extranatural de las esteras voladoras en el cuerpo de mi ensayo.

[3] De todas maneras, el mito de la invulnerabilidad de la salamandra al fuego no se desprende de modo taxativo de la lógica racional ya que se presumía aunque equivocadamente que tal capacidad derivaba de la frialdad de su piel, que actuaba como una especie de escudo protector ante las llamas (Kearney 24) En el pasaje, el color resplandeciente de la salamandra—dorado—fortalece la dimensión mítica pero sin alejarse, otra vez, del color verdadero de algunos tipos de este animal, como la *salamandra acuática* que es de color pardo y manchas negruscas en el dorso o la *Salamandra salamandra* de color negro intenso con manchas amarillas simétricas. La voz narrativa potencia el medio ambiente espectral agregando al real color pardo y a las manchas amarillas la brillantez del dorado, a lo que suma con la misma intención, la actividad de los machetes de los desesperados expedicionarios, ensangrentando lirios y hundiendo sus botas en misteriosos pozos humeantes.

[4] En este sentido, el proceso de introducción de lo mágico no es muy diferente al que se refiere Julio Cortázar para la composición de otra variante estética de lo para-real: los cuentos fantásticos de que habla en "Del cuento breve y sus alrededores": "Solo la alteración momentánea dentro de la regularidad delata lo fantástico, pero es necesario que lo excepcional pase a ser la regla sin desplazar las estructuras ordinarias entre las cuales se ha insertado" (80).

[5] "Los últimos pedacitos de oro" sugerirían que los habitantes de Macondo, durante la primera visita, ya habrían cambiado su oro por los instrumentos y novedades traídos por los gitanos.

[6] Según Roberto González Echevarría, *Cien años de soledad*, la historia de la familia Buendía y el pueblo mítico de Macondo reproducen alegóricamente la historia de América Latina, tal como antes lo había hecho Pablo Neruda en su *Canto General*. Una historia ". . . plagada de incesto y violencia, la crónica de la familia Buendía se erige como la historia de América Latina fraguada en el lenguaje del mito, una mezcla irresoluta que atrae y confunde al lector" (48).

[7] Neil Larsen en su excelente estudio *Determinations* sugiere que la tradición a la que se adscribe Gabriel García Márquez—que él la incluye dentro del realismo mágico—constituye una rama latinoamericana de la experiencia surrealista, en especial en lo que se refiere a la estructuración y utilización de la técnica surrealista del montaje. El autor reconoce que por medio de esta estrategia de escritura la novela se construye a través de secuencias cíclicas—lo que constituiría un logro—en lugar de la teleología narrativa progresiva y acumulativa que practicaban los autores anteriores, desde la inicial independencia en los albores del siglo XIX

hasta el advenimiento de los autores del "boom" de la literatura latinoamericana. Para Nielsen tal circunstancia constituye un buen punto de partida, pero objeta que si se extraen el componente alegórico y los factores sociológicos se mantiene la antigua división de por ejemplo *Doña Bárbara* de Rómulo Gallegos o de *Facundo* de Domingo Faustino Sarmiento, sin que aparezcan síntesis superadoras (136). La cuestión radica en que quizá sea imposible llevar a cabo una lectura integral de *Cien años de Soledad*, o en realidad de cualquier otra novela, sin sus elementos sociológicos y alegóricos.

Obras citadas

Anderson Imbert, Enrique. *El realismo mágico y otros ensayos*. Caracas: Monte Ávila, 1976.

Carpentier, Alejo. *Tientos y diferencias*. 3ra ed. Montevideo: Arca, 1973.

Cortázar, Julio. "Del cuento breve y sus alrededores." *Ultimo round* Vol. II. 9na ed. México: Siglo XXI, 1984.

García Márquez, Gabriel. *Cien años de soledad*. 7a ed. colombiana. Bogotá: La Oveja Negra, 1981.

———. "Fantasía y creación en América Latina y el Caribe." *Cultura y creación intelectual en América Latina*. Coord. Pablo González Casanova. México: Siglo Veintiuno, 1984. 174–78.

——— y Plinio Apuleyo Mendoza. *El olor de la guayaba*. Bogotá: La Oveja Negra, 1982.

González Echevarría, Roberto. *Mito y archivo. Una teoría de la narrativa latinoamericana*. México: Fondo de Cultura Económica, 1998.

Kearney, Hugh. *Science and Change 1500–1700*. England: McGraw-Hill, 1971.

Larsen, Neil. *Determinations*. London: Verso, 2001.

Márquez Rodríguez, Alexis. *Lo barroco y lo real maravilloso en la obra de Alejo Carpentier*. 2da ed. México: Siglo XXI, 1984.

Said, Edward. *Beginnings. Intention and Method*. 2da ed. New York: Columbia UP, 1985.

Vargas Llosa, Mario. *García Márquez: historia de un deicidio*. Barcelona: Seix Barral, 1971.

4 Vampires and Witches and Werewolves... Oh My!

CRISTINA SANTOS

> Como siempre, me ahorca mi predilección por los seres monstruosos. Putas, alcohólicas, mujeres sin una idea en la cabeza, hechas sólo para el sexo, o mujeres atormentadas por su excesiva inteligencia, o anormalmente hermosas...La que fuera monstruosa tenía que ser mía.
>
> (Boullosa, *La Milagrosa* 67–68)

It has been a customary practice within male dominated societies to depict women who fail to accept their predefined roles within their culture and society as monstrous. It will become apparent that the representation of "monstrous" women are not only limited to the wicked witches that populate fairy tales and folklore, but also vampires and werewolves within that same cultural imaginary. It is the premise of this study that the traditional depiction of women within the patriarchal code has been, to a great extent, based on women's sexuality or lack there of—the opposition of the virgin and the whore.[1] It is this male fear[2] of female sexuality that leads to the labelling of women with a strong sense of sexual identity as deviants and thereby depicting them as "monstrous," be it as a vampire, witch or werewolf. It is important to clarify that these monstrous female identities seem at times to combine non-fictional elements with the fictional (especially in the case of the Erzsébet Báthory "The Bloody Countess") and stem from a woman's deviation from the socially accepted norm of the complacent and desexualized woman.

In the attempt to forge a true and authentic sexual identity within their socio-cultural environment the majority of female protagonists must confront and overcome the ingenuous male interpretation of a woman's sexuality—that is the etherealization of the desexualized woman (the virgin) and the castigation of the sexually confident woman (the "monster"). Women who choose to rebel against the acquiescent and desexualized role society has proscribed for them are promptly labelled as deviant. It is important to mention that these limitations are not always just physical but also psychological. Not only are little girls brought up with the values of obedience and service to their male caretakers (father, brother, husband), but they are also not given the choice of exercising control over their own bodies (such as having to bear children they sometimes do not want); and they are made to feel guilty for experiencing sexual pleasure. In examining the monstrous representations of women as the vampire, witch and werewolf one will come to understand that these "supernatural" monsters are a patriarchal form of representing a liberated female sexuality within a male dominated cultural imaginary.

The Vampires

The legend of the Countess Erzsébet Báthory presents a unique case in which fictional elements of vampire and witch folklore combine with true historical facts to create the quasi-mythical figure of the Bloody Countess. Alejandra Pizarnik wrote the short story "La condesa sangrienta" based on the historical figure of the Countess Erzébet Báthory as compiled in the socio-historical text *The Bloody Countess: Atrocities of Erzsébet Báthory* by Valentine Penrose. On the other hand Carmen Boullosa's protagonist in "Isabel" will present to the reader a purely fictional vampire but with similar character traits and vampiric development as The Bloody Countess. In both cases one will notice that the reality of each protagonist's socio-cultural environment is not an authentic representation of their selves but a patriarchally constructed paradigm against which they struggle and are ultimately defeated by.

With respect to the legend of the Bloody Countess the reader is presented with the "historic" account written by Penrose and the "literary" short story by Pizarnik. Interestingly, Pizarnik opens her short story by drawing attention to the fact that she has read Penrose's account of the Bloody Countess. As a result "La condesa sangrienta" opens with Pizarnik's own remarks on Penrose's attempt not only to describe Erzsébet's various sexual and murderous perversions, but also his focus on the intricacies of her psychopathic madness. It is significant to mention that Erzsébet was born in 1560 "within the mould of sorcery" (Penrose 13) of the privileged upper class of Hungary and was the product of many years of inbreeding[3]. Genetics accounted, in part, for Erzsébet's moments of epileptic insanity as well as the Báthory trait of "a marked taste for monstrous or unnatural acts of lust" (Penrose 24, 26). In addition to these historically documented family traits, Erzsébet also demonstrated other out of the ordinary characteristics substantiated, not only by her society's own proclivity to believe in superstitions, but also by various rumours that circulated regarding the Countess's strange behaviour.

Many of these rumours revolved around Erzsébet's sexuality and her preference for living in an exclusively feminine environment. Already during the early years of her marriage Erzsébet had the reputation of having extra-marital affairs during her husband's lengthy absences while away at war fighting the Turks. After his death, Erzsébet seems to have changed her sexual preference to women a deviant behaviour that Penrose describes as both cosmic and hereditary in its genesis:

> ...always spoken in whispers but never definitely confirmed; something she may have admitted to herself or ignored.... She was thought to have been, amongst other things, a lesbian. In matters of the female horoscope, every evil aspect which Mercury receives from the Moon—itself in conjunction with Mars—exacerbates the tendency towards homosexuality. That is why the lesbian is often sadistic too. (23)

On the other hand Pizarnik stipulates in her text that said rumours could never be proven and that:

> ...la homosexualidad de la condesa, ignorándose si se trataba de una tendencia inconsciente o si, por lo contrario, la aceptó con naturalidad, como un derecho más que le correspondía. En lo esencial, vivió sumida en su ámbito exclusivamente femenino. No hubo sino mujeres en sus noches de crímenes. (254)

In addition to her lesbianism and marital infidelities there was also eye witness testimony to Erzsébet's shared experience with a female transvestite in the torturing of a young girl but "se ignora si compartían otros placeres que los sádicos" (Pizarnik 254). Evidently Erzsébet's conduct does not fall within her society's accepted role for women of her stature and even though she is impervious to censure due to her social status and family line, her reputation is not unscathed by said rumours. It would seem that Erzsébet's representation as a "monster" is based not only on her crimes of torture and murder and her ambivalence towards the value of human life other than her own, but more so based on her perceived deviant sexuality.

As a member of nobility Erzsébet was protected by both her financial independence and the privacy that having various castles permitted her. It was her privileged social status[4] that also allowed her to be an educated woman during a time when the majority of her gender were not. This, in turn, also fostered in her a sense of superiority paired with an awareness of irreproachability: making all crimes tolerable as long as they gave her pleasure (Penrose 27). It becomes clear that Erzsébet was unafraid of exploring her sexuality and in the same way that socio-cultural values did not censor her behaviour neither did religion nor prudery. This sense of being impervious to external prohibitions facilitated Erzsébet's pursuit of acts of "sadistic eroticism" (Penrose 29) in the torture chambers that she set up in many of her castles.

Similar to Penrose, Pizarnik also contributes Erzsébet's psychopathic behaviour to inherited madness, capriciousness, and sexual pleasure. Pizarnik, like Penrose, also propagates the myth of Erzsébet's demonic possession as an intrinsic component to her murderous obsession. This superstition paired with the physical state of melancholy—a malady characterized in Erzsébet by "la silenciosa galería de ecos y de espejos que es el alma melancólica" (255) creates for Erzsébet an alternative reality—a reality that separates her from her "real" surroundings and transports her into a forbiddened realm of blood rituals and sexual pleasure. Pizarnik eloquently describes these trance-like states as:

> ...sea por una música salvaje, o alguna droga, o el acto sexual en su máxima violencia—, el ritmo lentísimo del melancólico no sólo llega a acordarse con el del mundo externo, sino que lo sobrepasa con una desmesura indeciblemente dichosa; y el yo vibra animado por energías delirantes. (255)

Be it melancholy or insanity, Erzsébet was driven by inner demons in her fixation to maintain her youthful appearance in the wake of the passing years. As time passes her tortures and murderous rituals became more frenzied and chaotic, eventually leading to the discovery of her unimaginable cruelties.

To a certain extent Erzsébet's tortures and murders of young women were fuelled by her megalomaniacy, sexual perversion, periods of tormented oblivion, and "feminine bad humour" (Penrose 106). However, there is a persuasive underlying motive for her blood baths—the desire to preserve her beauty from the signs of old age and not to sacrifice herself to the "uncharitable void of nothingness" (Penrose 71). It seems that Erzsébet, apart from enjoying the privileges her social status provided her, was herself a victim of the socio-cultural pressures of female beauty. Erzsébet recognized that within her socio-cultural environment women were appreciated for being young and beautiful and with the passing of time and the decline of their beauty these same women, who were once prized for being beautiful, were relegated to a secondary position within that same context.

It is important to point out that not only did she torture and kill only young women, but only women aided her in her endeavours. In the small towns that surrounded Erzsébet's castles women were charged with seeking young girls under the premise of having them go to serve as servants at her castles. These women served mainly as intermediaries, supplying Erzsébet with the victims indispensable for her sadistic and narcissistic rituals. It is in the secret dungeons and cellar laundry rooms, in the company of her witches, that Erzsébet partakes of her morbid rituals of torture, bleeding, and ultimately killing. It was her witches Dorkó, Jó Ilona, Katá and Darvulia that stripped the young girls and prepared them for the Countess, making sure that every detail was thought of in order not to displease her[5].

Penrose associates Erzsébet to vampire mythology in his description not only of her "vampiric pallor" (25) but also of the blood bath rituals in which: "[t]he pallid vampire does not attack its own kind: it knows how to discern fountains far richer in blood" (67). Penrose erroneously labels Erzsébet as a vampire[6]: at no time does she consume the blood of the girls she tortures and kills. The blood of the virginal girls was collected during special rituals and by using elaborate contraptions such as the Iron Virgin[7]: "a cylindrical cage of gleaming iron blades secured by metal hoops...its interior was furnished with sharp spikes" (Penrose 93)[8]. While the witches busied themselves with the victims Erzsébet sits under the flow of the blood in a trance, "white, and barely half-conscious, gazing into the void" (Penrose 93) but not without certain "crisis eróticas" during which "palabras procaces destinadas a las supliciadas" and "[i]mprecaciones soeces y gritos de loba eran sus formas expresivas" (Pizarnik 246). Interestingly, Penrose not only attributes these trances and lapses of consciousness to the inherited Báthory madness but also claims—with a rather patriarchal and condescending tone— that they are accentuated in Erzsébet by her inherent "capriciousness" and "feminine bad humour" and exaggerated by the village gossip mill.

As time progresses Erzsébet becomes more and more involved in the blood rituals and although:

> ...[t]he first time [she] watched a death, she was a little frightened and looked almost wonderingly at the corpse as though she didn't understand what had happened. But this apprehension was very temporary. Later on she must have been interested in how long the death pangs could last. (Penrose 122)

Ultimately, rituals that were created originally for her blood baths to preserve her youthful appearance also gave her both sexual and necromantic pleasure. Pizarnik elucidates on the intrinsic qualities between death and sexual pleasure as:

> ...el desfallecimiento sexual nos obliga a gestos y expresiones del morir....Si el acto sexual implica una suerte de muerte, Erzébet Báthory necesitaba de la muerte visible, elemental, grosera, para poder, a su vez, morir de esa muerte figurada que viene a ser el orgasmo....Nunca nadie no quiso de tal modo envejecer, esto es: morir. (247)

Although it was suspected that the rituals of torture and murder are designed to provide Erzsébet with the rejuvenating blood of her victims, in the fictional text Pizarnik also links these rituals to the peak sexual pleasure (the orgasm).

Eventually the blood baths with virginal blood from the common girls do not stop the signs of the passing of time. It is Majorova, another of Erzsébet's witches, that suggests that she needs to bathe in noble blue blood, similar to her own aristocratic blood, in order to be successful once again. This proposition eventually leads to Erzsébet's downfall. As a result, Erzsébet sends her intermediaries to convince noble parents to send her their young girls to her during the long winter months under the premise that she would teach them good manners and languages. Up until this point no one paid much attention to the rumours of peasant girls disappearing while in her service nor to the stories of bone chilling screams emanating from Erzsébet's castle. But now, with the disappearance of aristocratic young girls, combined with Erzsébet's now impudent tenor to her conduct—her carelessness in her killings and her witches carelessness in disposing of the bodies—suspicions arise that lead to an investigation of Erzsébet's lifestyle. Erzsébet was not blind to her inevitable downfall—she began preparations to retreat to a mountainside castle away from prying eyes and ears, but it was to be too late. Not her social status, nor her money, nor her reputation could save her from what was to come.

At various points in his historical text Penrose draws comparisons between Erzsébet and the infamous Gilles de Rais[9] who massacred eight-hundred young boys from 1433 to 1440. He also adds that "[t]he lechery of Erzsébet Báthory was of a quality far more savage and unfathomable" (140). Gilles de Rais[10], similar to Erzsébet, achieved sexual pleasure from torturing his victims and covering himself in their blood—a behaviour attributed to fits of insanity and "diabolic fury" (Penrose 142). It seems that Penrose perpetuates the historical tendency of the stricter persecution in women for the same crimes committed by men. However, the major difference between the cases of Gilles de Rais and Erzsébet Báthory is that he, in the face of persecution, repented and she did not. In the end Erzsébet falls victim to an all male Parliamentary tribunal that investigated all her past crimes in minute detail no longer considering the favouritism she had enjoyed from the Hapsburg family and the protection that the names of the Nádasdys (her husband's family name) and Báthorys had provided her in the past.

In the end Erzsébet is isolated in her castle in Csejthe where she dies three and a half years after being walled in. It is my opinion that Erzsébet had already long been deserted not only by her society but also by her family. Even when married she spent much of her time alone while her husband was away at war, and in her widowhood her own family distanced themselves from her. Penrose summarizes the sad figure of Erzsébet at the age of fifty as: "a vampire not living her own life, she had become an impersonal being", who when it came to family matters "had been present whenever she could not very well be absent, speaking little, uttering only a few lugubrious words" (153). At one point Penrose even attempts to recapture Erzsébet's humanity:

> To be abandoned, to be deserted held no fears for Erzsébet. Indeed, her sumptuous and autocratic life was a desert. Between herself and others, even in love, the gulf had never been crossed; for she was not born to unite with others, but to haunt herself. Like a bat she kept to the castle where, by birthright, her power was unlimited, black, dark, thinking of nothing except lolling slowly and watching the blood flow,

> continuously. In part of herself she knew she was lost; in that part of her which was her destiny. (160–61)

Erzsébet's depersonalization cannot bring one to sympathize with her fate, as much as one attempts to rationalize her monstrousity, Erzsébet's failure to repent and show any regret or remorse dooms her to be inaccurately labelled as a vampire. Erzsébet, even though enjoyed the macabre rituals of blood baths, was never a vampire but a superstitious woman desperate to preserve her beauty at any costs. Nevertheless, many of her "vampiric" characteristics[11] were used by Bram Stoker to develop the character of Count Dracula (Melton 363).

As we have seen in the case of Erzsébet Báthory history and superstition unite to form the myth of the Bloody Countess. Even though Erzsébet Báthory was a true historical figure labelled as a vampire for having bathed in blood, she is best defined under the criteria of a serial killer. With Boullosa's "Isabel" we have a fictional character that embodies the same socio-cultural tendency of depicting women who have a strong sense of sexual identity as monstrous. Let us recall that the sexual revolution, as described by MacKinnon, meant that women would be allowed to express themselves sexually just as freely as men and without the fear of being censored by social constraints (262). Nevertheless, within the socio-cultural context it is clear that female sexuality is under constant censorship and externally defined by traditional patriarchal precepts. In the same way that Erzsébet represented a socio-cultural abnormality for her time period, Boullosa creates in her characterization of Isabel, a protagonist that exists in opposition to her cultural surroundings. Isabel in her journey to self-discovery will embody specific components of vampire mythology but within a specific female context[12].

It is in the twentieth century that the psychoanalytic component to the vampire myth emerged, delving into the "mysterious power of human blood, images of the undead, forbidden and sexualized longings, and the ancient idea that evil is often hard to detect in the light of day" (Melton 492). Under said definition even Erzsébet, with her obsession of the power of human blood and her sexualized rituals of torture and murder, qualifies as a vampire. On the other hand, Isabel actually undergoes a physiological transformation into a vampire: cast out from the normalcy of the quotidian into a supernatural existence that best mirrors her emotional and psychological state. It is important to keep in mind that the vampire archetype has often been used to symbolize what has been ignored, suppressed and even censored within any specific culture[13]. It is obvious that Boullosa uses her depiction of Isabel as a vampire to embody her criticism of the irreality of the cultural imaginary when it comes to constructing female identity.

Interestingly, Isabel's genesis as a vampire is not from the typical bite from another vampire—Isabel wakes up one morning as a vampire after her husband divorces her. In essence, Isabel's vampiric transformation is a direct result of her disillusionment with love and her continued obsession with her unrequited love for her ex-husband Jaime. Isabel's vampiric state, similar to Erzsébet, has certain social explanations but also a superseding psychological component. From the onset of the text it is clear that Isabel, up until this point, had defined herself within her relationship with Jaime. When Jaime decides to divorce her she is left without the one fundamental element that had defined her as an individual: "Aunque Jaime ya no correspondiera, Isabel amaba a Jaime, estaba enamorada, lo necesitaba para vivir….Isabel amaba con locura a Jaime, con vigor sin contención, pudor o júbilo, sin pizca de este último que la distrajera de su obsesión, endiosándolo" (177). Even though this psychological and emotional shock causes Isabel to metamorphosize into a vampire it does not affect her obsessive devotion to Jaime—an obsession that ultimately leads her to not only consume the object she so much desires, but to kill him.

At first Isabel does not connect herself to Jaime's death, even though she does remember being with him the night before his tragic death. It is only when Tere is reading his obituary aloud to her that she notices that: "Sus tripas revolvían porque recordaban el sabor de la carne abierta de Jaime, su boca se estimulaba ante el recuerdo del flujo de su sangre tibia y buena." (179). It seems that, in drinking Jaime's blood, Isabel has satiated the feelings of abandonment and it leads her to see her past love for him with clearer eyes and a new emptiness: "su amor por Jaime se desdibujó (no perdió su intensidad por eso), y empezó a desear que *quien fuera* acariciara su cuerpo y la penetrara" (180). In the hopes of feeling alive once again Isabel looks to have sex with anyone in order to fill the emptiness she now feels.

Sexuality emerges as a salient characteristic to Isabel's vampiric nature. This, in turn, reinforces her social and cultural alienation both physically and metamorphically: she is now an "undead" and a hypersexual female—characteristics unacceptable for women within her socio-cultural environment. Now her feelings of being forsaken by the one she loved are replaced with feelings of culpability, repressed sexual longings, and deviant sexual behaviour[14]. Throughout the text Isabel will try to satiate her thirst for blood with sexual encounters only to find that not only are the two activities intrinsically connected to each other but also tied to her undying obsession with Jaime: "…todos me van a coger, a montar, a follar. Mi cuerpo será una cosa minúscula en comparación con el esplendor oculto de mi vagina….Y yo pensaré en ti, Jaime, pensaré en que todo esto es en tu nombre" (186). Despite her newfound sexual freedom Isabel still seems to be limited by her own cultural prefigurative and burdened by a guilt for her transgressions.

Ironically, Isabel's hypersexuality depersonalizes her and she even admits that her sexual encounters are founded purely on "[e]l gusto por el gusto de la carne" (187) and that most of the time her sexual partner "[c]asi no la ve, no sabe de ella mientras se la coge, no le pone importancia....parece masturbarse con [su] cuerpo" (189). Using the first person narrative voice Isabel reveals the irony of her society's perception of sexuality: "[a] los hombres se les enseña a despreciar la carne, y a las mujeres a contener su gusto hasta donde la carne aguante. La mayoría de los varones no saben lo que es gozar, y no les interesa" (191). In the end her sexual encounters and her bloodsucking either go unnoticed or are perceived as "un toquecito de histeria en esta mujer tan puta" (191). In due course Isabel's liberated sexuality is not only deemed deviant and unnatural but also accentuates her dehumanized state as a vampire ("Isabel no quería ternura" [199]).

The first time that Isabel is referred to as a vampire is during her encounter with a transvestite—she is the first to call her a vampire without knowing the veracity of her statement. It is this declaration that causes Isabel to come to a full realization of her new existence. As a result, Isabel attempts to make the necessary lifestyle changes so that she may continue with life as usual but she admits, at the same time, that there now exists a "madness" to her existence. In an emotional encounter Isabel reveals to Tere that not only did she kill Jaime but that in order to kill him "...trastoqué mi naturaleza. Ya no soy mujer, mujer, mujer. Soy otra cosa" (206). When Tere attempts to console her friend Isabel's monstrous propensity unleashes itself and not only does she attack Tere but has her first lesbian[15] sexual encounter with her (207) as well as a threesome (208).

It becomes evident that Isabel embodies many of the characteristics attributed to vampires both in folklore and in literature: her need for human blood in order to live; she brings chaos and disease wherever she goes; and her unquenchable sexuality. Similar to the Bloody Countess, Isabel also experiences feelings of alienation and abandonment and a lack of culpability of the deaths she causes. Even though she does not kill Tere, Jaime, and Carlos like her other victims she does, however, mercilessly abandon them to their new reality as members of the undead. Of the three fledglings, only Carlos adapts to his new reality by joining a disembodied chorus of voices of undead. On the other hand, Tere never comes to terms with her new existence and knowing that the same had happened to Jaime undertakes the task of tracking down Jaime and putting him out of his misery before killing herself.

It is paradoxical to see that in her own struggles against an inner emptiness and abandonment Isabel perpetuates in others the very sensations she seeks to eliminate in herself. Even though she portrays herself as a victim from the onset of her narration the reader begins to see a selfish trait to her behaviour—she uses those around her for her own egocentric needs and discards them when she is done—the same vicious cycle that caused her own transformation into a vampire. Even when she saves Luzbel from being attacked by a pack of dogs she eventually kills him, but only after spending forty-eight hours of passionate bliss with him (230). What, at first, was a self-defence mechanism of protecting herself from being hurt and repeatedly victimized now takes on an aggressivity which alienates her from her own humanity while furthering emphasizing her estrangement from others. Isabel no longer feels anything, her hypersexuality is nothing but a band-aid solution to her feelings of abandonment and her way of avoiding intimacy and love—human traits that would make her vulnerable once again.

Unlike the Bloody Countess who never repents and never demonstrates a sense of remorse nor regret, Isabel (even though just a fictional character) does express all of these human feelings. It would seem that contrary to the real persona of Erzsébet Báthory (a vampire by association only) the fictionalized, but true vampire, Isabel connotes a redemptive quality of self-sacrifice at the end of the short story. Isabel not only attempts to repent for her prior murderous behaviour but also endeavours to bring an end to the death she carries innately within her wherever she goes: "[sintió] la responsabilidad de ser ella la Muerte. Sintió la inmoralidad, la culpabilidad. Deseó ser otra, no ser ella. Estallaba. ¡Y ni así se quería morir! Pero quería dejar de ser lo que era" (257). How does a vampire commit suicide? Isabel, following popular vampiric mythology, adorns herself with crucifixes, garlic, and incense and promptly decapitates herself.

The Witches

Similar to the vampire, witches have also served as scapegoats for unexplained acts of injustice or destruction (such as failed crops) as well as been the physical embodiment of female deviance. Moreover, the vampire and witch also share a common historical genesis in Europe. One of the first witch appearances can be traced back to the ancient Roman *strix*: a demon that flew only at night to suck the blood of infants—a similar description of the Greek *lamiai*, the original female vampire. Our focus here will be on the use of the witch to depict female sexual deviance similar to the use of the vampire myth in character development of Isabel and The Bloody Countess. As early as the medieval Inquisition all witchcraft "could be attributed to carnal lust," and more specifically "arose from female carnality" (Walker 89, 131). It is important to realize that there are many approaches to the discussion of witches and witchcraft: anthropological, sociological, historical, political, psychological and even paranormal. In Boullosa's play "Cocinar hombres" the witch protagonists will be examined from a hermeneutical perspective as representing an alternative reality in which they live within a uniquely feminine consciousness that intrinsically exists in opposition to their socio-cultural environment.

Sexuality, as we will see, is the main contested territory in achieving an authentic and true female identity for both Wine and Ufe. Their process of conscientization will be dominated by not only what they know to be true but also by a certain degree of uncertainty and not knowing of what exists outside the reality of their socio-cultural surroundings. Their knowledge and attitude of what is possible or impossible within this realm of reality will be challenged from the very beginning of their supernatural experience. The play opens with their admission of having gone to bed one night when they were ten years old and waking up the next day at 23 years-of-age. Ufe and Wine are not victims of a mysterious spell as Sleeping Beauty was (and Boullosa clearly states this in the foreword to the play) but were transposed into a different reality after having participated in "una ceremonia (o fiesta como ella la llaman) de bastante particularidad" (46). The reader is transported, much in the same manner as Ufe and Wine, into a fantastical realm[16] which is both "más restringido" (with respect to whom is allowed to enter) and "más amplio" with respect to the liberties allotted to those who are permitted to participate (46). Not only is this existence a more authentic reality for Wine and Ufe because it represents their true human (feminine) consciousness apart from the irreality of their socio-cultural environment but, as the author warns, it also calls into question the traditional definition of the witch: "La autora pide disculpas si la cualidad de brujas de estos dos personajes excede o trastoca las definiciones de la tradición popular" (46).

As a result, Wine and Ufe present to the reader a two-fold form of deviance. First, they abandon the patriarchal constraints of their socio-cultural existence on the night of their special ceremony and secondly, they represent a new form of witch—not the traditional old hag typical of superstition and folklore but as compelling symbols of female power and sexuality. Walker states that there are three main reasons for man's persecution of women as witches: (1) man's own sense of inferiority in the presence of this female archetype of power; (2) man's need to censor any woman living outside of male control: be it because they possessed certain skills, knowledge, or abilities that allowed them to live independently; or (3) sexual jealousy of female hypersexuality paired with their own sense of sexual inferiority (133–34). In essence, it is fear and prejudice that influences these depictions of women who fall outside the proscribed norm as witches and are in some cases scapegoats for the inadequacies of other individuals. Wine and Ufe will embody the dichotomy of social existence: one will embrace her more liberated existence, albeit on the periphery of society, while the other will attempt to abandon this new freedom for the traditional non-alienating role.

From the start Ufe has a more problematic time appropriating her new existence as her own in that she has a difficulty coming to terms with her new body and reminisces about her lost childhood. Wine, on the other hand, admits that "antes de ese viaje no recuerdo nada. Soy hija de eso, No soy más que eso. No tengo un solo recuerdo, aunque sea imposible" (53), thereby facilitating her initiation. Where Wine sees her coming of age experience as something liberating, Ufe feels that she has been deceived by her own body and those people she thought loved her. It is Wine, without any memory of the past, that makes Ufe realize that: "Así es esto, te llevan a fuerzas y jalones la primera vez y vuelves por tus propios pies y disfrutando el camino todas las noches siguientes, y como vivir esta vida omite necesariamente la otra..." (54).

It is only well into Act I that it is revealed that the changes Ufe and Wine have undergone are not limited to their enigmatic coming of age but of having been converted into witches (56). Only once they recognize their unique transformation are Wine and Ufe able to question why they were chosen for this metamorphosis. It is Wine who is able to decipher the mystery:

> ...eso sí lo recuerdo, es de lo poco que me acuerdo, o más bien es del territorio que no perdí, de eso que ocurre sin que lo podamos compartir con nadie, de eso que sólo se platica uno a sí mismo y a solas y que a veces no podemos ni platicarnos a nosotros mismos porque no encontramos las palabras para hacerlo, ese territorio inmenso donde siempre estamos solos....Pero querer ser esto, nunca quise...No sé, tal vez sea como una especie de castigo. (56–57)

Not only was the church one of the major institutions to teach men to fear women[17] but its doctrine also instructed women to mistrust their bodies and sexuality. Whereas Wine is able to contemplate the philosophical aspect to her new found identity, Ufe cannot and she becomes hysterical, reverting to a dialogue reminiscent of the Inquisition—she does not want to become a "mujer cocinada" (57)—an obvious allusion to the witch burning at the stake. It is Ufe that voices the popular tortures that witches before her were victims of: "...que me quemen viva...me empareden, me martiricen, me claven en toda la carne una aguja enorme buscando...la marca de la bruja....que me destrocen pedazo por pedazo" (57). Although both women recognize the dangers of their new life it is Ufe's dialogue that connotes salient sexual, erotic, and even sadistic undertones.

It becomes more than obvious that Ufe and Wine differ in their perception of their new found realities and thus react differently to the prospects they now encounter. Ufe, in essence, represents the status quo in which she wishes to fall in love with a man, get married and have children—all possibilities that are negated upon her full initiation (61). Wine again reveals to Ufe that: "hoy es el ultimo día de nuestras larguísimas vidas en que estaremos un rato despiertas sin participar en los actos propios de nuestro oficio y hoy es el último día en que desearemos algo....Sólo hoy podemos amar y odiar y despreciar en carne propia" (59). Ironically, in acquiring liberty they must also suffer an effect of depersonalization in which they sacrifice their abilities to love and hate—in essence they sacrifice their humanity. However this is not characteristic only to their status as witches, Ufe abhors having developed breasts ("adornos") because she recognizes that they are a proof of a loss of innocence and an initiation into womanhood. Wine embraces her newfound sexual identity, Ufe laments the change because it now exposes her not only to censure but also diminishes her value as a nubile virgin within her society—she knows this because she observed many times that: "Mi papá nunca miraba a las mujeres a los ojos" (59).

In the end their acceptance of their new found sexuality and mature female body are intrinsic components to not only discovering their new identities, but coming to terms with their new place within society. Where Ufe found that her "...cuerpo de niña me parecía un cuerpo rotundo, entero, completa" and her existing body shape as "indescifrable, después una pieza rota" (62), Wine exclaims: "...para mí no hay nada mejor; es una imágen perfecta" (62). Even though their new status as witches has allotted them a new found sexual identity it does not provide them with sexual freedom: they are able to feel sexual pleasure but never with a male partner. Their sexual experiences are limited to the *Angelus* ceremony where they will feel sexual pleasure wash over them as waves of water (64) and they will also never be mothers since their bodies will now be "amarrado[s] a nuestro oficio" (66). Nevertheless, Ufe still dreams of having a baby of her own to love and hold in her arms while Wine admits that she would eat the child if it were necessary in order to fulfill her responsibilities as a witch (66). It is obvious that Ufe still defines herself by her ability to procreate and the thought of never having a child of her own makes her feel useless and sad.

In act two Wine and Ufe—whose true names are revealed to be Lucero and Rosario—are now in the "real" world where Ufe is trying to get pregnant by her lover Israel. The act opens with Ufe's conjuration ("cocinar un hombre") of Israel followed by her news of being pregnant and waiting with Wine for Israel to arrive for their date. After much waiting, at the moment that Israel arrives Ufe changes her mind and curses him because she recognizes in having his child she is emotionally and physically tied to him and loses an intrinsic part of her self: "las mujeres...se vuelven frágiles....Algo se les escapa del centro....Se vuelven rotas" (75–76). Ufe believes that motherhood would not bring her the fulfillment she once thought it would, but would instead make her a weaker being susceptible to an even more restricted life within her surroundings—she would no longer be an individual but a mother expected to sacrifice everything for her child.

Consequently, when Ufe does not succeed in "cocinarse un hombre", Wine suggests she "cocínatelo…un amante" (78). Again Ufe's definition of her self is linked to her other—this time her lover Julian: "Me gusto por ti, Julián, amo ser quien soy porque me amas…" (79). A common denominator in both conjurations is Ufe's determination to belong: to belong to someone, to be loved by someone, to be needed by someone. But at the moment of facing her creation she grasps the ultimate truth: she can never belong to anyone else without first belonging to herself. In the end she curses all her familial ties and declares: "soy el monstruo que soy; yo ya no necesito que me ames….¡Ya no recuerdo nada!" (82). Free from the restrictions that memory innately imposed upon her, Ufe joins Wine in her decision to become a witch. To commemorate their new lives Ufe and Wine choose to name themselves with a new name each day of the courageous women who came before them: "Primero, todos los nombres de las nuestras: Noctiluca, Herodiade, Holda, Diana, Abundia, Bensozia, Títuba, Abigail, y luego las que vivieron entre los hombres; Catalina, a quien acosaron…Magdalena, que enloqueció…" (68–69). In doing so Wine and Ufe further themselves from the constricting patriarchal codes placed on women and work at forging a more authentic reality for themselves outside this context. It is evident that the names that Ufe and Wine choose to adopt as more representative of their new lives are of other women who also resisted patriarchal conventions and were subsequently punished, censored, or labeled as monsters and heretics for their transgressions.

In the end Wine and Ufe appropriate a new secret language that better expresses their unique personal reality as opposed to the irreality of their socio-cultural surroundings. By exploring the supernatural world of witches and its own special qualities Boullosa formulates a marginal reality that is more true to the protagonists in a political, moral and, most importantly, psychological capacity. The contested terrain of female identity outside the patriarchal code is lifted to the supernatural and female empowering role of the witch—not as the old and ugly crone, but as two young and sexually virulent women.

The Werewolf

Just as we have discussed with the vampires (the Bloody Countess and Isabel) and the witches (Ufe and Wine) sexuality will also play a key role in the characterization of the *mujerloba* in Boullosa's "Loba comida". Again the reader is presented with a female deviant that contests the notions of female sexuality outside the socio-cultural norm thereby revealing the irreality of the socially and culturally proscribed notion of female sexuality.

Interestingly the werewolf is one of many monsters closely associated with vampires and, like the vampire, it also is a figure that haunts the folklore of many different cultures from around the world. One of the oldest sources of werewolfism is from Greek mythology when Zeus upset with Lycaon[18] transformed him into a wolf (Melton 676). As a result, a werewolf is essentially a human being who changes into a wolf (normally during a full moon) and behaves in a vicious manner typical of the animal. Similar to the vampire and witch the werewolf also became a scapegoat not only for people's fear of the devil but also for the unexplained tragedies occurring within their community or family.

The fact that the werewolf metamorphosis depends on the lunar cycle especially lends itself to a feminist interpretation. From the first verse of the poem the physicality of the protagonist's existence is based on flesh "Mi profesión es la carne / ... / Cuando la luz de la luna toca mi cuerpo, la profesión de amor por la carne se torna en mi necesidad / ... / Y cuando amo a un cuerpo / ... / lo devoro..." (54). Isabel and this *mujerloba* have a variety of points in common: both can only go out at night to seek their victims; both have an insatiable desire to consume "flesh" (both figuratively and literally speaking); and both are depicted as monsters due to their unnatural sexual appetite. Like Isabel, the *mujerloba* depersonalizes her victims and only sees them as "carne" that which she must possess sexually in bed and devour once the sexual act is completed.

The *mujerloba,* like Isabel but also like Wine and Ufe, does not have a family—she is the negation of the socio-cultural role of woman as wife and mother—she is her own person seeking to fulfill her own base desires. In the aside of the fifth section of the poem the *mujerloba* reveals her ties to mother earth as "una doméstica loba urbana" (56) tied to the natural cycles of the earth and moon and not the patriarchally defined female roles. One could interpret this physical transformation described in the following section as symbolic of her questioning her position within her socio-cultural environment, similar to the arguments proposed by Wine and Ufe in "Cocinar hombres": "descubro que no soy una, / que la apariencia exterior de mi cuerpo me ha engañado" (56).

Even though she accepts herself for the monster that she is, her personal existence is still overshadowed by doubt and uncertainty—she repeatedly asks herself: "¿quién soy?, / ... / ¿qué soy?" (56). As part of her answer to this philosophical inquiry she reveals, just as Isabel came to recognize, that she is tied to her sexuality ("...la necedad hosca del deseo me ha atado en una" [57]), and like Ufe and Wine, the abandoning of the innocence of childhood: "desde que dejé de ser—para mi desgracia—bendita carne de niña..." (57). In essence, the *mujerloba* is a symbolic representation of the dangers of unrestrained female sexuality, the obsessive hypersexuality that leads only to an animalistic desire to devour all that she desires without considering any of the personal and social repercussions.

Despite the fact that the *mujerloba* projects a sense of independence and pride of having always been true to herself ("¡Jamás me he entregado! / ¡Nunca he soltado un gramo de mí misma! / … / De nadie he sido suya." [57]) she does not assume responsibility for her actions. She is victim to the power of the moon and it is the moon that controls her monstrous behaviour. This, in essence, is the paradox of her dual personality ("…la división de mi persona" [58]), under the guise of the full moon she is the self-assured and liberal *mujerloba* capable of anything to satisfy her desire, yet when the moon is absent she reverts to a complacent existence in which her body exists "…sin garras, sin colmillos / casi sin boca" (58) and governed by her "…ridículo puño de mi corazón" (59) and not her by ferocious desire.

Notes

[1] Let us recall the Mexican paradigm of revered image of the Virgin of Guadalupe and the maligned figure of La Malinche (d. 1527). Where the Virgin of Guadalupe appeared to the Mexican people in 1531 not only as a symbol of pure and virtuous mother, but as an embodiment of the Mexican mestizo heritage. On the other hand, La Malinche was seen as Hernán Cortés (1485-1547) prostitute and the traitress that aided in the Spanish conquest of the Aztecs. See Santos, "Monstrous" for further elaboration.

[2] Barbara Walker in her book *The Crone* speaks of men's fear of an imagined castration caused by the power of women's (specifically witches') words and that "men sometimes tried to retaliate in kind, symbolically castrating women by denying their sexuality" (138–39).

[3] Penrose clarifies that the inbreeding was mainly between cousins and closely related parents and allowed by the law of their time (23).

[4] Penrose stipulates that it was an historical fact that up until her denunciation to the Parliament, Erzsébet Báthory had been protected to a great extent by the house of Hapsburg (94).

[5] It would make sense that witches would help Erzsébet explore her erotic fantasies since a witch's power is said to have its source in Eros and thusly are erotic by nature (Penrose 85).

[6] This may due to, in part, the influence of legends of vampires prevalent throughout Transylvania during the time Penrose wrote his account even though he claims it is from contemporary records.

[7] Pizarnik dedicates the section "La virgin de hierro" to describing the intricacies of the mechanism.

[8] Later Erzsébet orders a mechanized version of the Iron Virgin ornamented with precious stones that controlled the clockwork mechanism of the device that released daggers onto its unexpecting victim (Penrose 127). However, Erzsébet quickly abandons these "too stylized murders" because of her inability to physically participate in them (Penrose 128).

[9] He was a Marshal of France that, ironically, fought alongside Joan of Ark.

[10] During his trial he was accused of murder, sodomy, necrophilia, and making pacts with demons.
[11] The traits in Stoker's *Dracula* that suggest the Báthory influence rather than a connection to Vlad the Impaler (the historical Count Dracula) are: he was also Hungarian (and not Romanian), he drank blood to become young, and the erotic undertones to his existence (Melton 363).
[12] See Santos (*Bending the Rules* 116–33) for a discussion of "Isabel" as a reading exercise into the fragmented process of female conscientization.
[13] Melton also discusses this point in relation to the literary and filmic adaptations of vampire mythology (xxv).
[14] During her first sexual encounter as a vampire Isabel takes part in what some individuals deem deviant sexual behaviour: "...y él entonces la volteó de lado y clavándole la verga en el culo se zangoloteó y se vació ahí..." (182).
[15] It is noteworthy to mention that Melton attributes the first historical reference to the lesbian vampire to Erzsébet Báthory (363).
[16] Boullosa also reveals in the foreword that this world was also populated by *lamiai*: demonic beings from ancient Greek writings known not only for kidnapping young children and sucking their blood but also for their powers of transformation into beautiful women to lure young errant men to their deaths (Melton 272).
[17] Walker reveals: "If man was strong enough to resist the mighty power of Satan, how was it that he couldn't resist the weaker vessel, woman?" (131).
[18] Lycaon lent his name to the disease "lycanthropy" in which people believe they turn into werewolves when, in reality, they do not.

Works Cited

Boullosa, Carmen. "Cocinar hombres. (Obra de teatro íntimo)." *Teatro herético*. Puebla: Universidad Autónoma de Puebla, 1987. 43–82.

———. "Isabel: roja noveleta rosa en que se cuenta lo que ocurrió a un vampiro." *Prosa rota: cuatro novelistas en una sola autora*. Mexico City: Plaza & Janés, 2000. 167–260.

———. *La Milagrosa*. Mexico City: Ediciones Era, 1993.

———. "Loba comida." *La Delirios*. Mexico City: Fondo de Cultura Económica, 1998. 54–59.

MacKinnon, Catherine. "Sexuality." *Theorizing Feminism: Parallel Trends in the Humanities and Social Sciences*. Ed. Anne C. Herrmann and Abigail J. Stewart. Boulder, CO: Westview P, 1994. 257–87.

Melton, J. Gordon. *The Vampire Book: The Encyclopedia of the Undead*. Detroit: Visible Ink P, 1994.

Penrose, Valentine. *The Bloody Countess: Atrocities of Erzsébet Bathory*. Trans. Alexander Trocchi. London: Creation Books, 2000.

Pizarnik, Alejandra. "La Condesa Sangrienta." In *La Extracción de la piedra de locura. Otros poemas*. Madrid: Visor Libros, 1994. 99–116.

Santos, Cristina. *Bending the Rules in the Quest for an Authentic Female Self: Clarice Lispector and Carmen Boullosa.* New York: Peter Lang, 2004.

———. "The Monstrous Representation of Women in the Mexican Cultural Imaginary." *Images and Imagery: Borders, Frames, Limits. Interdisciplinary Perspectives.* Ed. Leslie Boldt-Irons, Corrado Federici, and Ernesto Virgulti. New York: Peter Lang, 2005. 185–96.

Walker, Barbara G. *The Crone: Woman of Age, Wisdom, and Power.* New York: HarperCollins Publishers, 1988.

5 Seres mitológicos guaraníes de ayer y de hoy

Olga Mendieta

Desde tiempos inmemorables, el ser humano necesitó establecer reglas y modelos de conductas que le permitiera interpretar y concebir el mundo. De esta necesidad nacieron los hoy llamados mitos y leyendas, los cuales le ayudaron a establecer parámetros morales y religiosos y darle una explicación a ciertos fenómenos naturales que escapaban a su entendimiento intelectual y racional. A través de esos entes sobrenaturales portadores de características únicas y extraordinarias, se pudo explicar lo esotérico, racionalizar el mundo, tranquilizar la conciencia y establecer pautas de conductas.

A pesar de la opinión de muchos, los mitos siguen subsistiendo. Al respeto, el gran filósofo Mircea Eliade, plantea que en la actualidad en sociedades primitivas el mito sigue desempeñando el mismo rol de antaño (5). Pero es lícito agregar que los mitos siguen subsistiendo en las sociedades llamadas "avanzadas". Como habitantes de este primer mundo, podemos apreciar la existencia de seres sobrenaturales que han sobrevivido al avance de la industrialización y de la globalización, entre ellos el 'Big foot' en Canadá y Estados Unidos y los 'gnomos' en Suecia.[1] Lo interesante de los seres mitológicos en general, es la limitación de su poder, el que se restringe al ámbito de la comunidad que lo vio nacer. De esta manera, cada espacio de la geografía mundial reconoce a un ser mítico diferente de acuerdo a su propia tradición y cultura.

En la actualidad y específicamente dentro de la amplia geografía latinoamericana siguen vivos en el corazón de las culturas marginadas diferentes dioses y otros seres sobrenaturales, muchas veces conservando la pureza milenaria y otras amalgamados con la cultura colonizadora, pero siempre con la misma intensidad de antaño. Encontramos así en México a Teoti, dios supremo de los aztecas con sus trece deidades, entre los que figuran Tezcatlepoca y Quetzacoatl, y sus más de doscientos dioses inferiores. En Perú al dios creador del mundo, Pachacamac o Viracocha; en Colombia al dios supremo Bochita; la deidad maligna, Huythaca, enemiga de Bochita, y otros dioses menores como Nencatecoa y Chibchachum. En el Ecuador de los jíbaros, a Tasquea, héroe del fuego; a Iguanchi, el dios demonio, a Kumpara, el dios creador; a Etsa, el Sol; a Nantu, la luna. En Chile, al ser supremo Ngune Chen o Ngune Mapún; a Alveo, espíritu del mal; Meulén, el Sol o el Viento y Epunamú, dios de la guerra. En Honduras encontramos a Comizahual, dios los auspicios favorables y a Laja, genio del mal. En Panamá a Ibeorgun, el dios civilizador, y Khiapp'en, dios de la guerra. En Brasil, a Mararaj, Katchimana y Tupan entre otros (Bignami 8–9). En Paraguay, noreste argentino y suroeste de Brasil encontramos a la fecunda literatura guaraní con su dios supremo, creador del universo Tupa o Tendondeté, y a sus deidades menores, motivo del presente trabajo. Es mi intención que este artículo modestamente contribuya al conocimiento de la cultura guaraní que por falta de una correcta difusión ha sido relegada a un plano secundario. En esta oportunidad, por una cuestión de espacio hablaré, tras una breve explicación de la mitología guaraní que nos permitirá ubicar algunos de sus personajes, de Jasy-Jateré, y Pombero, dos de los tantos seres míticos que pueblan las comunidades de origen guaraníes.[2]

Según la mitología guaraní el dios supremo Tupá—conocido también como Tupavé o Tendondeté, dependiendo de la zona—y su esposa Arasy [madre del cielo], crearon la primera pareja humana: Sypavé y Rupavé. Ambos procrearon siete hijos, cuatro mujeres y tres hombres entre los que se encontraba Marangatú [hombre virtuoso y bondadoso], el que sería padre de Keraná.[3] Esta era una mujer de extraordinaria belleza, de quien se enamoró perdidamente Tau [el espíritu del mal]. Con el fin de conquistarla, Tau tomó la forma de un apuesto y galante joven y se presentó ante ella. Keraná sin embargo, no cayó bajo el hechizo encantador de Tau y rechazó su propuesta amorosa. Tau, al darse cuenta que su plan de conquista había fracasado, intentó raptar a la joven. Angatupy [el espíritu del bien] apareció entonces para defender a Keraná, manteniendo una reñida lucha con Tau durante siete días y siete noches hasta que finalmente, la intervención de Pytajovai [espíritu del valor y de la guerra], inclinó definitivamente la balanza a favor de Tau. Al convertirse en vencedor, este último se lleva por la fuerza a Keraná. Arasy, enojada maldice a Tau.

Como resultado de la relación violenta entre Keraná y Tau nacen siete hijos sietemesinos que traen consigo la marca de la maldición de Arasy a su padre. Los recién nacidos quedan así, condenados a vivir en la marginación y temidos por la humanidad. Pero al mismo tiempo ellos heredan de su madre poderes divinos que les permite ayudar a la naturaleza y en ocasiones a la gente. Por orden de nacimiento ellos son: Tejú-Jagua [lagarto, iguana, jaguar], se lo describe como un gran lagarto con siete cabezas de perro, es señor de las cavernas y protector de las frutas; Mboi-tu'i [Vibora-loro], con forma de enorme serpiente con pico de loro, sus dominios son los grandes esteros, y es hado protector de los animales acuáticos y anfibios, del rocío, de la humedad y de las flores; Moñái, protector de los campos, los aires, las aves y también de los ladrones; Jasy-jatere [pedazo de luna] sus dominios son los bosques, es protector de las abejas y de la Ka'a-ruvichá [hierba hechicera]; Kurupí, dueño de las selvas y de los animales silvestres; Aó-Aó, hado de la fecundidad, es caníbal y su dominio son los cerros y las montañas.

Y por último encontramos a Huichó [Luisón] señor de la noche y compañero de la muerte; su dominio es el cementerio (Gonzáles Torres 71).

Como dijimos, Jasy-Jateré es el cuarto hijo de Taú y de Keraná. Se cree que al principio de su existencia él utilizaba sus poderes sobrenaturales para hacer que los niños se extraviaran y llegaran a manos de su hermano Aó-Aó que como caníbal se los comía. Con el correr del tiempo su imagen fue cambiando y hoy en día se lo conoce como un espíritu casi inofensivo. Este personaje mítico habita actualmente en Paraguay, el noreste argentino y el suroeste del Brasil. Se cree que como resultado de la maldición de Arasy a su padre Taú, él está condenado a vivir solo en los bosques, morando en los huecos de los troncos de los árboles grandes.

A Jasy-Jateré se lo describe como un ser pequeño—a veces como un niño—de cabellos dorados y ondulados. Algunas adultos dicen haberlo visto llevando sombrero y un poncho. Su poder mágico se encuentra en el bastoncito de oro que siempre lleva y en su silbato. Con éste último imita el canto de un pájaro, o simplemente lanza un silbido rítmico con el que mágicamente atrae a los niños. También puede atraerlos tocándolos con su bastón de oro o metamorfoseándose en una persona conocida por ellos. Una vez que el niño se le acerca, Jasy-Jateré lo rapta y se lo lleva al monte para que juegue con él y lo acompañe por un tiempo. El secuestro puede durar un par de horas o un par de días dependiendo del capricho y de las necesidades de Jasy-Jateré. Este personaje mítico prefiere la compañía de niños rubios como él, por lo que todo niño o niña de cabellos dorados debe tener sumo cuidado con quién habla y adónde va, especialmente a la hora de la siesta[4] ya que es la hora preferida por Jasy-Jateré para buscar amigos.

Durante el cautiverio Jasy-Jateré además de jugar con los niños, los alimenta con miel y frutas silvestres. Luego de algún tiempo, los deja en un lugar donde los niños pueden ser fácilmente encontrados. Algunos de estos niños al regresar padecen de pérdida de memoria, no hablan, se vuelven sordomudos y hasta presentan secuelas de retraso mental. Según se dice esto se debe a que Jasy-Jateré ha besado al niño en la boca como muestra de afecto. Pasado un tiempo, la mayoría de estos niños milagrosamente se recuperan sin que les quede ningún tipo de secuelas, mientras que otros lamentablemente siguen sufriendo ataques de epilepsia en cada aniversario de su rapto.

Jasy-Jateré es por sobre todas las cosas, el duende indiscutible de las siestas y su gran aliado es el radiante sol, cuyo resplandor parece darle el poder de mimetizarse y también de flotar. Es por eso que es imposible seguirlo o percibir su presencia ya que no deja huellas en la tierra. Los padres suelen atemorizar a los niños con su presencia en los alrededores de sus casas para que éstos no se alejen mientras los adultos duermen la siesta.

Además, está prohibido invocar su nombre o imitar su silbido ya que esto podría provocar su furia. Si algún adulto osara nombrarlo o intentara reproducir su silbido, Jasy-Jateré podría aparecer repentinamente y tocando con su bastón dorado a aquel que se atreviera a perturbarlo, le provocaría instantáneamente la muerte o la locura. Vale la pena recalcar que este ser no duda tampoco en castigar a aquellos que profanan sus dominios, maltratan la Ka'a-ruvichá [hierba hechicera] o se apoderan de las colmenas llenas de miel. Le gusta desorientarlos con su silbido misterioso y fascinante, haciéndoles perder su rumbo en el bosque. Por otro lado, si algún adulto lo descubre, Jasy-Jateré con su don de la metamorfosis se convertirá en ave y luego se hará invisible. Este ser mítico, no causa daño a quien no lo moleste; es sobre todo una deidad traviesa que puede llegar a convertirse en un buen amigo. Son generalmente los caminantes quienes convocan su protección cuando deben transitar por lugares desérticos habitados por malos espíritus, o cuando pierden su rumbo.

Hoy en día, Jasy-Jateré excedió el marco de las comunidades guaraníes y en el norte de Argentina, sur de Brasil y en Paraguay se habla de él. Su figura no sólo es popular entre los adultos sino también entre los jóvenes. Así, no es extraño escuchar a adolescentes reunidos en una plaza hablar sobre la visita diurna o nocturna de Jasy-Jateré en la casa de algún amigo o familiar. Estos jóvenes comparten con sus pares la experiencia vivida con este personaje mítico con la misma naturalidad con que comentarían la primera experiencia amorosa, el primer desengaño, o el último programa de juegos por la Internet.

La profesora Yolanda Prondzinski de Jardín América en la provincia de Misiones, Argentina puso a prueba la familiaridad de sus estudiantes de grado noveno con los seres mitológicos de la zona. De esta experiencia surge *Pöras Jardinenses*, libro publicado en el año 2004. En éste, jóvenes de entre 13 y 15 años narran algunas de las historias—propias o ajenas—que han vivido con estos personajes, mostrándolos en algunas de sus múltiples facetas. Entre ellos Jasy-Jateré y Pombero ocupan un lugar predominante. A continuación voy a transcribir dos de los relatos que refieren las andanzas de éstos, con la intención de que el lector tenga la oportunidad de observar la interacción del medio con ellos.

El siguiente es un relato de Mario, un adolescente de quince años quien nos narra una historia vivida y contada por su abuelo. Este relato tiene más de un significado. Es un testimonio viviente de la existencia de Jasy-Jateré; nos muestra el respeto que en la cultura guaraní se le sigue otorgando a los mayores y es una muestra palpable de que los textos orales, portadores de conocimientos culturales, morales y religiosos tienen —como antaño—un lugar predominante en las comunidades descendientes de los guaraníes.

Al mismo tiempo es importante notar que en el relato de Mario, se rescata el arte de narrar de la cultura guaraní. Para los guaraníes contar una historia no era recitarla de memoria. El narrador guaraní debía mantener el espíritu de lo narrado pero debía recrearlo, a los efectos de demostrar su riqueza de vocabulario, y destreza discursiva. De esta manera, el relato deja de ser propiedad del otro para convertirse en el discurso del que lo cuenta, como ocurre con Mario. Poco a poco, al narrar la historia de su abuelo, él se va apropiando de la misma hasta hacerla suya. Hecha estas salvedades, dejemos que Mario nos cuente la experiencia de su abuelo con Jasy-Jateré:

La ayuda y la amistad del Yasy-Yateré
Un verano particularmente caluroso, estábamos sentados, mi abuelo Víctor Silva y yo, tomando tereré, bajo la fresca sombra de un árbol, y como a todos los nietos del mundo, a mí también me apasiona escuchar las historias del abuelo. Le pedí que me contara una.

Comenzó contándome, que hace muchos años, cuando el monte aún era cerrado y virgen en Colonia Primavera, él se internó una tarde en él, y recorriéndolo, de pronto se dio cuenta de que se había perdido, cuantas más vueltas daba, parece que más se perdía. Se encontró solo, sin saber para dónde "enfilar"...y encima la noche que ya caía.

Cuando la noche cayó del todo, mi abuelo se resignó y se sentó en el pasto. Le dolían los pies, la cabeza, en fin, todo, de tanto caminar.

Finalmente se dijo que era inútil dar más vueltas en la oscuridad, y comenzó a mirar a su alrededor, para buscar un lugar donde recostarse cómodamente. ...De pronto quedó congelado, sin dar crédito a lo que sus ojos veían.

Al lado de un tronco, a unos tres o cuatro metros, estaba parado un hombrecillo, muy pequeño, un verdadero enano; vestido de forma original: con un gran sombrero de paja de alas anchas, y un poncho casi amarillo, que le llegaba poco más o menos a los pies. En su mano derecha llevaba un bastón. Y lo miraba con gran fijeza a mi abuelo con unos grandes ojos azules, de particular belleza...y se sonreía.

Por supuesto que el abuelo Víctor lo miraba con la boca abierta. Ya era de noche, sin embargo él, al hombrecito, lo veía como si fuera de día. Mi abuelo no sentía temor, sino sorpresa, porque sabía que era inofensivo. Lo que le llamó la atención era que no silbara, porque mucha gente aseguraba que eso era lo que hacía.

El Yasy-Yateré finalmente emitió un largo y armonioso silbido, sin desviar sus grandes ojos azules, abiertos en infantil seriedad; levantó su bastón, y se dio vuelta después de señalar con su punta a mi abuelo. Éste sintió que una fuerza extraña lo obligaba a seguir al hombrecillo a través de los árboles. Cada tanto se daba vuelta, para ver si el abuelo lo seguía.

Así caminaron un buen rato. De pronto se detuvo junto a un gran árbol, señalando con su bastón hacia abajo. Mi abuelo, que miraba sin voluntad, impulsado por esa extraña fuerza... lo vio esfumarse lentamente...

Mi abuelo lanzó un grito y corrió hacia el lugar donde se había esfumado el hombrecillo, y sus pies pisaron sobre algo húmedo y resbaladizo. Un hilillo de agua cristalina brotaba justo de donde el bastón del hombrecillo había señalado.

Mi abuelo tenía la boca reseca, y en ese pequeño manantial sació su sed. Luego, agotado, se recostó contra un árbol, tratando de pensar en lo que le había ocurrido... pero el sueño lo venció.

Al amanecer se despertó ¡Y se dio cuenta de que estaba recostado a la orilla del camino!

El abuelo Víctor dio gracias al Yasy-Yateré (pues no habia sido nadie otro quién lo ayudó) y se marchó a su casa.

(Jablonski 48–49)

Jasy-Jateré se presenta en este relato como un hombre pequeño vestido con sombrero y un poncho. No obstante, su apariencia de adulto, sus ojos conservan la inocencia y la dulzura de la niñez. Esta combinación niño-hombre cautiva al abuelo de Mario cuando Jasy-Jateré se le aparece en el bosque. El pequeño duende parece emitir una luz propia porque aunque es de noche el abuelo "lo veía como si fuera de día". En la mano derecha lleva el mentado "bastón" dorado con el que ejerce su poder mágico sobre las personas. Tampoco falta aquí el famoso "silbido" tan típico de nuestro personaje. La combinación de ambos elementos fantásticos—silbido y bastón—hace que el abuelo de Mario pierda su voluntad y se deje llevar por una "fuerza extraña" que lo impulsa a seguir al hombrecillo. Éste último, parece leer la mente del abuelo. Sin que éste hable, Jasy-Jateré sabe que el abuelo tiene mucha sed y le crea una fuente de agua cristalina para que la sacie, y luego lo guía hasta la vera del camino que lo lleva de regreso a su casa.

Esta historia, producto de la imaginación fructífera de una persona, para los que aceptamos las bases racionalistas de la cultura occidental, no es cuestionado por los habitantes de la zona. Aún en pleno siglo XXI y a pesar de los grandes avances tecnológicos de la cultura universal, encontramos a personas de varias edades y estratos sociales que comparten sus vidas con el cuarto hijo de Tau y Keraná. Comparten con él su realidad inmediata, su experiencia cotidiana y las de sus pares. Los casos que se refieren a las andanzas de Jasy-Jateré son incontables e inagotables. En este proceso la gente lo mantiene vivo, lo recrea, lo eterniza. Jasy-Jateré quizás sólo existe porque el ser humano lo alimenta con su imaginación, pero es indudable que éste necesita su presencia para mantener sus raíces, sus costumbres y sus tradiciones, en otras palabras para no sentirse solo en el universo.

Pombero (Karai pyhare): El mito de la noche

Pombero, conocido en guaraní como "*Karai pyhare*" es el "señor de la noche", dueño de la oscuridad y las tinieblas. Poco se conoce de su origen. Según el gran estudioso de la mitología guaraní, Narciso R. Colmán, conocido popularmente como Rosicrán, "Pombero o Anguera es el alma vagabunda de los delincuentes. Genio de la noche, errante y travieso"

(Gonzáles Torres 78). Se lo describe como un hombre moreno, feo, bajo pero robusto, al que algunos atribuye condición de ventrículo. Otros, lo toman como andrajoso llevando siempre un sombrero de paja en su cabeza. Este personaje mitológico comparte con Jasy-Jateré la misma zona geográfica.

Su morada está en los bosques o en las casas abandonadas. Le gusta también vivir en los hornos de barro—muy populares en las zonas campesinas paraguayas y del noreste argentino—estos hornos se construyen a unos metros de la casa principal. Desde allí el Pombero escucha todo lo que pasa dentro de la vivienda. Posee la habilidad de mimetizarse fácilmente y volverse invisible cuando quiere. Puede pasar por espacios muy estrechos como el ojo de una cerradura, imitar el piar de los pollitos, el canto de las aves—especialmente las nocturnas—el silbido de los hombres y de las víboras. Estremece a los habitantes de la zona cuando imita el sonido escalofriante de la araña '*ñahana*' o cualquier otro animal salvaje.

Si está disgustado con algún miembro de la familia se lo hará saber remedando al *kara-kara* (ave de rapiña); o si en su venganza abriga el deseo de matar, lo anunciará con el relincho del *kavaju ra'y* (potrillo). El Pombero es un personaje tan conocido como temido, que se encuentra siempre rondando a las personas, a quienes observa y vigila durante la noche, aventajado con los poderes ya mencionados de mimetización, invisibilidad y de fácil acceso a todas partes. A veces, lo seduce la brillantez de los objetos. Si por esto cae en la tentación de robarlos, pierde inmediatamente su invisibilidad y entonces puede ser visto más feo aún, con el rostro grotesco y el cuerpo deformado por la acción cometida.

Se cree también que Pombero es muy sensual. Despierta a las mujeres con el suave roce o caricia de sus manos velludas y a veces las posee. Otras veces las rapta, abandonándolas cuando de ellas se cansa, y en ocasiones las devuelve a sus hogares. No pocas veces las mujeres quedan embarazadas y el niño nacido de esta relación tendrá las mismas características físicas que su padre mítico (moreno, bajo, feo y robusto). Pero no es una bendición tener en la familia un descendiente directo de este personaje, por el contrario representa un problema con connotaciones morales. Por lo que los padres no les permiten a sus jóvenes hijas dormir afuera durante las calurosas noches de verano. El Pombero las puede seducir sin que ellas se den cuenta, estando semidormidas, confundiendo sus manos con la suave caricia de una brisa nocturna. Aunque la prohibición paterna parecería extrema teniendo en cuenta que sólo afecta a las jovencitas, los mayores tratan de evitar las desagradables consecuencias que puede traerles la experiencia onírica de su hija bajo la intemperie.

Por otra parte, a los niños se les está prohibido pronunciar su nombre, sobre todo por las noches, hora en que él vigila, escucha y escudriña con ojos vigilantes, mimetizado en algún rincón oscuro en los alrededores de la casa.

La gente se refiere a él como *Karai-pyhare,* "el señor de la noche", porque si se lo llama como Pombero, este puede interpretar que su presencia es requería y presentarse ante la persona que pronunció su nombre, la que se asustaría por su desagradable aspecto físico, más aún sino está preparado para verlo. Para ganarse su amistad o simpatía hay que hacerle regalos. La gente acostumbra a dejarle en los alrededores de la casa, un poco de tabaco, miel o un poco de 'caña' (su bebida alcohólica preferida). Al dejar las ofrendas hay que pronunciar una corta oración, rogándole que no cometa más fechorías. Si uno se gana la simpatía de Pombero, éste puede convertirse en el protector de los bienes y de las personas del hogar. Se cree que si los habitantes de una morada no le obsequian nada a Pombero, éste se podría vengar primeramente en el perro de la casa. Pero la afrenta más grande para Pombero, es no cumplir con algún compromiso o promesa contraído con él. En este caso, se considerará engañado, y su cólera lo llevará a deslizarse entre las sombras para desatar su venganza como lo ilustra el relato que transcribo a continuación.

La venganza del Pombero

Esto me lo contó un compañero, Antonio Machado, que al igual que yo, vive en el Barrio "San Martín" de Jardín América.

Según cuenta Antonio, estando en su casa, en una noche de verano, escuchó ruidos; como de que alguien saltaba sobre una goma vieja, que estaba en el patio, en el fondo de la casa.

Con miedo, se acercó a una rendija que quedaba entre dos tablones, y espió...Y lo que vio lo sorprendió mucho....ya que la goma se aplastaba...y luego volvía a su forma original, sin que se viera a nadie.

Al ver eso, se quedó duro como una estaca. Cuando reaccionó, voló hasta su cama y se tapó la cabeza y todo, sin moverse hasta la mañana siguiente.

Al levantarse el papá de Antonio, se dio cuenta de que el perro "Boby", estaba temblando, cuando quisieron alimentarlo, rechazó todo tipo de alimento. Al día siguiente, la situación empeoró, porque el perro ya no se podía parar, y comenzó a "agusanarse".

El papá de Antonio comenzó a sospechar que lo había tocado el Pombero.

Entonces esperó a que llegara la noche, para poder hablar con él.

Llegada la noche, se fue al lugar más oscuro del terreno y lo llamó. Le dijo que si curaba al perro le daría un vaso de caña y un pedazo de tabaco.

Al día siguiente...el perro amaneció sano, como si nada hubiese pasado. Con el transcurso de los días, con el perro ya sano, y sin preocupación...el padre de Antonio se olvidó de la promesa de la caña y el tabaco...

Al mes "Boby" volvió a enfermarse; pero esta vez peor, ya que con el paso de los días se le dificultaba la respiración....hasta que finalmente murió.

(Gonzáles 52)

Este relato muestra a Pombero en su faceta invisible. Esto se observa cuando se dice que "alguien" aplastaba la goma cada vez que la misma volvía a su forma original, pero sin embargo no se veía a nadie. El Pombero se manifestaba a través de su ausencia física. Antonio es consciente de ello y se siente atemorizado y hasta aterrorizado cuando mira por la ventana y no puede visualizar a ninguna persona o animal que jugara con la goma. Mientras que el padre de Antonio, como buen conocedor de las costumbres y sin haber presenciado la escena de la noche anterior, sabe lo que le pasa a su perro cuando lo ve al día siguiente.

El padre de Antonio lleva a cabo una práctica común en la gente de la zona: tratar de comunicarse con Pombero durante la noche y para ello dirigirse a los lugares más oscuros de la casa. Si se lo llama, él generalmente acude al llamado, como sucede en este relato. Sin embargo, no es un diálogo el que se establece. El hombre, en este caso el padre de Antonio, hace el pedido prometiéndole a cambio una recompensa. En este caso particular: curar al perro a cambio de "un vaso de caña y un pedazo de tabaco".

El "señor de la noche" deseoso de su recompensa, cura al "Boby" y al otro día el perro amaneció "como si nada hubiese pasado". Pombero esperó pacientemente noche tras noche que el dueño de "Boby" cumpliera con su promesa, sin lograrlo. Después de treinta largas noches, Pombero se dio cuenta de que el hombre se había olvidado de su parte del trato y que no le iba a dejar ni el vaso de caña ni el pedazo de tabaco que él tanto anhelaba. Desengañado, revierte el trabajo hecho con el perro, lo que le causa irremediablemente su muerte.

A pesar de ser un personaje temido, el Pombero parecería ofrecerle al ser humano la posibilidad de ser su amigo. Le encanta que todos le dejen ofrendas pero si uno no se la hace no lo convierte inmediatamente en su enemigo. Esto ocurre sólo cuando el ser humano consciente de sus actos promete hacer algo por él y no lo hace, como lo vimos en el cuento.

Tanto Jasy-Jateré como Pombero son dos seres mitológicos que pueblan el mundo mágico-cotidiano de los actuales habitantes del lugar, que siglos atrás ocuparan los aguerridos guaraníes. Estos dos seres, ayudan a la gente a ordenar su mundo. Mientras que la presencia de Pombero impide las salidas de las jóvenes de su casa a altas horas de la noche, a menos que estén acompañadas por un mayor; protege a las mujeres de la deshonra de tener un hijo sin padre conocido; enseña a los habitantes a cumplir con sus promesas; y a recordar que el robo es un hecho indeseable. El Jasy-Jateré por su parte, evita que los niños se alejen de sus casas a la hora de la siesta, ofreciéndoles así a los padres la ayuda que necesitan para mantener a sus hijos en los perímetros de su casa mientras ellos descansan un rato antes de volver a sus faenas; y acude también a los llamados de aquellos que necesitan su protección en algún viaje nocturno a zonas descampadas o desoladas. La presencia de estos seres es una prueba elocuente de la convivencia de la realidad con los mitos en el siglo XXI.

Sobre su importancia Mircea Eliade sostiene que el mito nos revela que el mundo, el ser humano, y la vida tienen un origen común y sobrenatural, detrás de lo cual se insertan ejemplos y paradigmas para que el individuo pueda avanzar. Es un ingrediente vital de la humanidad, es una fuerza activa a la que uno no puede acercarse buscando sólo una explicación intelectual, ni verlo como una creación artística, es un concepto de fe y sabiduría en nuestras vidas que busca despertar y mantener la conciencia de un mundo divino que se corresponde con sus ancestros, y como tal, accesible a la experiencia humana (19–20).

Una de las enseñanzas más importantes del mito es, por lo tanto que nos ayuda a establecer una relación balanceada con la vida, con lo divino con los demás seres humanos y con nosotros mismos. Esto según lo predicado por las filosofías indígenas americanas es un paso en la búsqueda para alcanzar el anhelado equilibro y por la tanto la armonía en el universo. Esta armonía se pierde si el ser humano no reconoce el papel divino de la naturaleza creadora de la vida. Esta naturaleza que sólo encuentra su equilibrio cuando los dioses, los antepasados, los mitos y las leyendas están presentes en el diario vivir. Quizás, nosotros los habitantes de este mundo tecnológicamente avanzado podamos en algún momento recobrar la capacidad de observar ese otro mundo, que quizás por ordinario se nos hace invisible, y podamos rescatar partes de nuestras tradiciones, mitos y leyendas y vivir en armonía con nosotros y con el universo.

Notas

[1] Así, no es raro encontrar programas televisivos y artículos en la revista *National Geographic* del coloso del norte, que se centren en declaraciones de nuevos testigos que aseguran haber visto al monstruo patón y preparativos de expediciones para ir a buscarlo, utilizando para ello la tecnología más avanzada de nuestra época. Mientras, en el bello país escandinavo, se sigue acusando a los gnomos de la imposibilidad de entrar a los bosques cuando empieza a anochecer. Y esto no de es de extrañar, ya que los mitos forman parte del imaginario colectivo universal. Y cada comunidad le ha dado y le sigue dando poderes a seres especiales que a veces vienen a ayudarlos y otras a perturbarlos en su existencia cotidiana

[2] Al abordar la mitología americana muchos estudiosos tienden a enfocarse en las que se conocen mejor como la azteca, la maya y la Inca y dejan de lado otras mitologías, cuya riqueza las iguala a aquellas en forma y contenido. Este es el caso de la mitología guaraní la que se conoce superficialmente, y muchas veces, se la presenta como un elemento folclórico o pintoresco sin llegar a estudiarla en profundidad. Quizás esto se deba a que los personajes de

la mitología guaraní, a diferencia de sus pares, americanas, grecas o romanas, son seres modestos, asibles, cuyos poderes, si bien provocan asombro y a veces temor, no sobrepasan el límite de lo plausible. Crean de esta manera una relación cuasi-familiar con los individuos de su comunidad con quienes comparten sus vivencias cotidianas.

[3] Los otros dos hijos varones de Sypavé y Rupavé fueron *Tumé Arandú* [gran profeta y padre de la sabiduría] y *Japeus*á [hijo desobediente] quien posteriormente fue convertido en cangrejo, por hacer las cosas al revés. Por otra parte las cuatro hijas mujeres fueron; *Porasy* [diosa de la hermosura], *Guarasyáva* [dueña de los ríos y los mares], *Yrasēma* [diosa de la música]. Esta diosa asesinada por su hermano J*apeusá*, es la primera muerte que presenció la tribu guaraní. Por última tenemos a *Tupinambá* madre de la tribu Tupí-guaraní, uno de los grandes grupos en que se divide la raza guaraní.

[4] Es necesario aquí algunas aclaraciones sobre la siesta. Los habitantes de la zona son campesinos que empiezan a trabajar apenas sale el sol y terminan con la puesta del mismo. Interrumpen su trabajo a las 12 debido al intenso calor y lo retoman a las 4 de la tarde. Durante estas horas la gente busca refugio en la sombra de algún frondoso árbol o dentro de su casa. Teniendo en cuenta que los padres están descansando, los niños pueden aprovechar este momento para salir sin ninguna supervisión. Lo cual contribuye un serio problema ya que viviendo en el campo los riesgos se multiplican: pueden perderse en los bosques, ser picados por víboras u otros insectos ponzoñosos, caer desde un barranco o ahogarse en el río.

Obras citadas

Bignami, Silvia. *Mitos y Leyendas de América.* Almagestro: Buenos Aires, 1992.

Eliade, Mircea. *Myth of the Eternal Return or, Cosmos and History.* Traducido por Wlilard R. Trask. Haper & Row: New York, 1954.

Gonzáles, Luis Alberto. "La venganza del Pombero". *Pöras Jardinenses. Mitos y Leyendas de Jardín América y aledaños.* Creativa: Posadas, 2004. 57-58.

Gonzáles Torres, Dionisio. *Folklore del Paraguay.* Editora Litocolor: Asunción, 1998. 52.

Jablonski. Mario Aníbal. "La ayuda y la amistad del Yasy-Yatere". *Pöras Jardinenses. Mitos y Leyendas de Jardín América y aledaños.* Creativa: Posadas, 2004. 48–49.

6 "Diz-me o que comes e eu te direi quem és": Food, Cannibalism and Identity in João Ubaldo Ribeiro's *Viva o Povo Brasileiro*

MARIA JOÃO DODMAN

> I think there is more barbarity in eating a man alive than in eating him dead; and in tearing by tortures and the rack a body still full of feeling, in roasting a man bit by bit, ... than in roasting and eating him after he is dead.
>
> (Montaigne 155)

> Cultural heritage helps to determine and identify people's values, behaviour, and subsequently their life-style. In a real sense, then, culture helps man to select what he eats.
>
> (Barer-Stein viii)

A brief look at João Ubaldo Ribeiro's *Viva o Povo Brasileiro* clearly shows that food is a major component: from the slave gatherings to Amleto Ferreira's exquisite English meals, the novel signals the importance of food whose meaning fluctuate between a basic daily necessity, to an elaborated demonstration of social status and power. In *Viva o Povo Brasileiro* there is a cornucopia of food and food related activities. Undeniably, what the characters eat is not an arbitrary act, or better yet, not driven by pure hunger. Some find in food a sense of belonging, of solidarity, while others seek their differences by establishing certain food preferences, and still others, exhibit their socio-economic power by lavish meals. The caboco Capiroba and Perilo Ambrósio share not only the same soul, but also a peculiar relationship with food. This essay will explore, using semiotics as the framework for analysis, how food plays a defining factor in the portrayal of both characters. Food will, at times, isolate them and enlarge the gap between them and an increasing hostile world. However, food will be a constant throughout their lives, a feature of their being and a reflection of their souls. In fact, food is the medium that represents them, that ultimately allows us to identify them; it embodies their struggles, their failed, and/or successful relationships, and their desires. Nevertheless, and despite the fact that caboco Capiroba and Perilo Ambrósio are linked in this matter, food represents opposite issues: while Capiroba builds a society around the civilized rites of commensality, Ambrósio destroys it. In due course, we begin to notice that these characters do not correspond to our expectations or those of other characters.

Food is never just about satisfying a primordial necessity, but rather as Roland Barthes has aptly pointed act, a system of communication (21). Food is one of the many codes employed by humans to form what Marcel Danesi has recently explained through semiotics as culture which he defines "as a container of the meaning-making strategies and form of behaviour that people employ to carry out their daily routines" (*Of Cigarettes* 24). Every human interaction is in fact, an exchange of signs; therefore, all mundane activities, such as meals, signify and are imbedded with meaning that ultimately tells us something about that particular culture. People have appropriated food as a central sign and transformed it into an elaborate cultural expression, namely cuisine that "refers to what we eat, how we eat it, and what it tells us about the makers and eaters" (Danesi, *Sign* 164). Accordingly, food preferences change from culture to culture, Danesi points out that often there is a mythical or religious reason behind such preferences.[1] Therefore, "our expression 'to develop' a taste for some strange food [can reveal] how closely tied edibility is to cultural perception…we perceive gustemic differences in cuisine as fundamental differences in world view and lifestyle—as differences between us and them" (*Sign* 168).

Food is culture, it links us. It has the power to unite individuals who share the same set of beliefs and who will as a consequence also share the same food habits; for instance due to the principles of equality promoted by democratic societies, people tend to eat together (Brown, *Fictional Meals* 6). Peter Scholliers adds that food is also closely related to the notion of identity:

> Food crosses the border between the 'outside' and the 'inside', and this 'principle of incorporation' touches upon the very nature of a person. This is why eating and drinking matter greatly to all people, and why…migrants…retain some food habits when language or other cultural expressions tend to be forgotten. (8)

Comparably, Claude Grignon defines commensality as "a gathering aimed to accomplish in a collective way some material tasks and symbolic obligations linked to the satisfaction of a biological individual need" (24). This type of gathering centred around food can have positive and negative aspects; for instance, segregative commensality has the ability to strengthen a certain group and to exclude others as well.[2] Either way, it is ultimately a part of one's identity that resides in the "feeling of fitting in" by making social distinctions that might include relatives, neighbours, colleagues, etc., but also define the oppositions between edible and inedible (Grignon 31).

Caboco Capiroba and Perilo Ambrósio deal with issues of identity and feelings of belonging throughout the novel. In spite of the fact that they share the same soul, they are separated by centuries and by social status. It would be expected that they would act according to their prescribed social roles. Capiroba as an obedient villager, thankful for all the priests' efforts to "educate" them, and Perilo Ambrósio as the baron of Pirapuama, noble and cultured. Nevertheless, they are neither accepted by their peers, nor seem to be able to adhere to their specific social behaviours. Food then, presents itself as a sign of their unique isolations, Capiroba's cannibalism and Ambrósio's violence reveal their deviance, their exclusion, and eventually, their demise.

Capiroba is, without a doubt, a marginal character right from the beginning. The year is 1647, and in the first introduction to Capiroba the reader finds out that he is a cannibal with a peculiar preference for Dutch meat.[3] However, and altough he was not born a cannibal, Capiroba has always been an outsider; his conception and childhood were manifested by rejection. Marked by an obscure identity (37) Capiroba seems then destined to follow his father's footsteps. Moreover, his ethnic background, born half Black, half Indian, is a recurrent motif in the *topos* of the Brazilian cannibal (Ferreira de Almeida 249). Our cannibal is thus connected to the "movimento antropófago de Oswald de Andrade devido ao humor com que o personagem é composto e por seguir o modelo modernista que incorporou o negro ao discurso sobre a antropofagia… (249). At this time there are no mentions of Capiroba's eating habits, but one can definitely assert that he is not part of the group activities in any circumstance, and most likely, also excluded at meal time. In fact, we know that he is often kept either tied or in captivity, with other dammed individuals whose only contact with the external world are the priests' visits (43).

As the text tells us, Capiroba becomes a cannibal as a result of an increased mental disturbance. One day, in a rapid succession of events, he steals two women and disappears. Initially, Capiroba is driven to cannibalism out of necessity. After spending six days with his women[4], hungry and disillusioned, he spots and recognizes one of the priests (42). Upon killing his first victim with a swift and precise blow to the head, Capiroba goes on to prepare several exquisite recipes:

> …cort[ou] um pouco da carne de primeira para churrasquear na brasa. O resto dele charqueou bem charqueado em belas mantas rosadas, que estendeu num varal para pegar sol. Dos miúdos prepararam ensopado, moqueca de miolo bem temperada na pimenta, buchada com abóbora, espetinho de coração com aipim, farofinha de tutano, passarinha no dendê, mocotó rico com todas as partes fortes do peritônio e sanguinho talhado, costela assada, culhõezinhos na brasa, rinzinho amolecido no

> leite de coco mais mamão, iscas de fígado no touchinho do lombo, faceira e orelhas bem salgadinhas, meninico bem dormidinho para pegar sabor, e um pouco de lingüiça, aproveitando as tripas lavadas no limão, de acordo com as receitas que aquele mesmo padre havia ensinado às mulheres da Redução, a fim de que preparassem algumas para ele. (42–3)

It is ironic that it was the priest who taught the village women such recipes, whose body now becomes the canvas for Capiroba's culinary *savoir-faire*. It becomes clear that what seemed to be an act of necessity soon acquires an unexpected symbolism; by exhibiting his knowledge of cuisine emphasized by the usage of real recipes, Capiroba's acts of cannibalism will prove to be unique and unlike any other traditional account.

Sagan affirms that institutionalized cannibalism is found only in the societies we call "primitive"(1), and that the cannibal possesses two very important features: he enjoys eating human flesh and, secondly, eating the vanquished is as important to warfare as it is victory (4). Sagan then goes on to illustrate the savage nature of the cannibal by including anthropologic accounts of such acts. However, these accounts differ greatly from those of the Capiroba. In Sagan's tales, the participants exhibit savage-like behaviour where macabre details of torn limbs and dismantled body parts of an often still alive body, document the sadistic tendency of the cannibal (8–9). In the novel, as we will analyze in detail, even though a cannibal, Capiroba is not the chief of a "primitive" society, but rather a civilized and organized man, who, along with the other members of the household prepare exquisite meals, possesses a deep culinary knowledge and uses cooking utensils, thus participating in the world of culture rather than nature. Furthermore, he does not enjoy all human meat, but only the one best suited for his family due to its digestive properties, taste, and culinary capabilities. Contrary to the many rituals that accompany the cannibal acts cited by Sagan, there is no mention of such behaviours in the novel. We do not know of any rites performed by the family, it seems that not only does everyone partake in the preparation of the food, but also eating. This is a rare occurrence in most accounts of cannibalism as they are structured by many rules and prohibitions that govern all aspects of the act. It is true that the priests condemned and spoke against cannibalism, but the indications of how these acts were performed were minimal. The fact that he does not follow any ritualistic behaviour common to cannibalistic societies could be simply because he does not know of any. However, Capiroba lacks the sadistic trait of the conventional cannibal. He is in fact compassionate towards his "prey". Upon capturing the Dutch man, later known as Sinique, Capiroba regrets having to restrain the "cattle," and even tried "with good manners" to calm the animal because he did not enjoy mistreating them (50).

For Capiroba then, the Dutch are mere animals. The text produces many examples of this attitude. For instance, Capiroba watches these "beautiful animals" with anticipation, and even compares them to "incautious deer". Using words like "presa" clearly indicate that these blond haired creatures are simply not human, at least not in his eyes. The first Dutch captured are Nikolaas Eijkman and Heike Zernike, who are then kept in a "cercadinho"; scared and agitated, they exhibit animal-like behaviour:

> Aquimã depois de resistir uns dias esbravejando dentro do cercadinho, sacudindo os mourões de tal maneira que o caboco Capiroba foi obrigado...a quebrar um dedo de cada mão dele. Evitava também assim que Sinique, cujos modos agitados e algaravia incessante já começavam a irritá-lo, cavasse um buraco para desalojar os mourões, como chegara a tentar. (50)

Without other alternatives, Capiroba is forced to use physical punishment on, what he calls "caititu demente [que insistia] em mostrar os dentes e coinchar seus sons incompreensíveis" (50). In order to control the creature Capiroba proceeds to put a ring through Sinique's nose, after all, "como os outros de sua espécie, era um bicho bronco, que não entendia as ordens mais simples" (52). In addition, as Caboco Capiroba learns, these creatures appear to have names. Puzzled, he comments:

> Ah, então eram coisas diferentes, como se dava isto? O caboco comparou os dois com um olhar experiente. Mesmo tamanho, mesmos cabelos, mesma roupa, mesmos sons animalescos, provavelmente o mesmo gosto. Não se podia dizer que um fosse um aquimã e outro fosse um sinique, não havia diferença que justificasse duas palavras. Seriam nomes então, eles tinham nomes. (51)

The possibility that two identical animals might have names is indeed troubling for the Caboco since he truly does not accept their humanity. What he does recognize is that they can be domesticated; in fact, Vu successfully teaches Sinique "uma nova arte, que era comer lambiscos da passarinha, da lingüiça e da carne-de-sol de Aquimã" (54). Caboco takes pleasure in having a "holandês ensinado na sua criação" and even dreams of having many, who would eventually have to be put down due to age or lack of productivity (54). Capiroba's treatment of the Dutch is not different from any other western attitude towards edible meats such as chicken or pork. In reality, we tend to sympathize with this character not only because he does not resemble the traditional image of the cannibal in any way; the Dutch are indeed viewed as cattle. And, despite the fact that he still treats them well, they are no more than a food source. Just moments before his death, Capiroba wishes that the Dutch had colonized his land instead of the Portuguese. Unmistakably, he is resentful of a culture that oppressed him, but also he has a very practical reason to prefer the Dutch: since he has tasted their flesh, he knew that it was superior to that of the Portuguese, which he considered, at best, a second rate meat (55).

It is possible to consider Capiroba's actions as a return to his roots as some suggest that the act of eating relates to a historical preference for certain foods; Barthes states for example that in the case of French cuisine, food preferences "rediscover long-forgotten secrets. The historical theme …frequently carries notions of representing the flavorful survival of an old, rural society" (24). Viewed in this manner it is predictable that Capiroba as an outcast, longs for his pre-colonial origins. By associating with his ancestors, Capiroba returns to a simpler time, and most importantly, to a society where he would not be considered inferior. Back then, being a cannibal, as he was taught, was a normal practice. In addition, in those days notions of Good and Bad were unknown concepts to the villagers:

> …[a]ntes da Redução, a aldeia era composta de gente muito ignorante, que nem sequer tinha uma lista pequena para o Bem e o Mal e, na realidade, nem mesmo dispunha de boas palavras para designar essas duas coisas tão importantes. Depois da Redução, viu-se que alguns eram maus e outros eram bons, apenas antes não se sabia. (39)

It is highly symbolic that Capiroba's mental condition worsens just as attentions to these concepts are heightened. Clearly, Capiroba does not subscribe to the distinctions of Good and Bad proclaimed by the priests. Upon rejecting these notions, Capiroba returns to his roots, to a time of equality amongst all, and most important, free of any undesirable moral scrutiny.

Adding to Capiroba's sympathetic personality is his newly civilized and cultured behaviour. Again, and contrary to traditional accounts, each meal is carefully prepared with the upmost attention, from the best cuts to methods and spices. Capiroba is a knowledgeable chef; he and his women gather to barbecue, roast, boil, salt and even make *lingüiça* with tripe carefully washed with lemon. These actions are indicators of a civilized behaviour, and not those of a savage. By preparing such elaborated dishes, Capiroba establishes a situation where food, like language, is filled with significance. In "The Culinary Triangle" Lévi-Strauss stresses the similarities between food and language; the act of cooking as language are universal human activities, and there is not a society that does not possess these two elements. The way each society differentiates between edible and non-edible, between cooked and raw, and the preferences for different modes of cooking defines that society's culture. It suffices to recall, for instance, the world views on edible animals and inedible ones such as the ones we consider as pets and those that are not. [5]

One of the relevant distinctions brought forward by Levi-Strauss is the opposition between raw/nature and cooked/culture. Roasting for instance, due to the contact with fire, is placed on the side of nature, but boiling, because it requires the use of a cultural receptacle is placed on the side of culture (29–30). As we know, Capiroba and his family are not only able cooks, but possess several cultural receptacles. For example, cooking the six sailors was not an easy task, and due to the toughness of the meat, required a pot (44). The use of the pot strengthens this newly founded culture. In a similar way, following Danesi's vignette on Robinson Crusoe,[6] Capiroba founds a society where the preparation of food has strict guidelines developed according to the family's needs as well as the suitability of the meat. The division of labour is clear: he is the hunter and the killer, and the women are the cooks. Therefore, the fact that Capiroba only kidnaps women is not trivial, but comes to support his desire to form his own private society. The women were the ones who were taught how to cook by the priests (43), without them, and without their recipes there would be nothing to connect Capiroba to the world of culture. After all, women were the transformers of the raw into the cooked, or better yet, of nature into culture.

By eating human meat only, Capiroba has created a new culture whose practices exclude any other groups. He participates in what Grignon has defined as an act of segregative commensality that usually consists of "[meeting] for eating and drinking [in] a way to set up or to restore the group by closing it, a way to assert or to strengthen a 'We' by pointing out and rejecting, as symbols of otherness, the 'not We', strangers, rivals, enemies, superiors or inferiors" (28–29). In this new group Capiroba's life moves from the periphery to the centre, from marginality to mainstream, and, most importantly, from exclusion to inclusion; this shift gives him the opportunity to be the head of the family, responsible for the well being of all. For the first time, the caboco experiences a feeling of pride when at dinner time he congratulates himself for such a delightful prey, and even dreams of one day having a few "heads" in a pasture (45).

Again, this is a common human reaction, and does not differ at all from any other food gatherings where people express delight for a certain meal. Amleto Ferreira experiences the same feeling of pride upon admiring his plentiful table (229). Thus, Capiroba, an individual without culture, not belonging either to the Indian or the African, excluded from both the colonized and the colonizers, appropriates the only signs known to him: the cannibalism of his ancestors, and the newly acquired "civilized" behaviour centered around food. As Danesi remarks, humans have the ability to invent and represent the world with signs that best fit our needs (*Sign* 48).

A clear indication that Capiroba does not resort to cannibalism for survival is established by juxtaposing the family's hunger and nature's abundant harvest. It is as if the family does not recognize nature's food sources:

> ...eles se agradaram de carne humana....com muitas bocas para sustentar, [o caboco] passou a consumir um maior número de brancos, a ponto de, em alguns períodos, declarar-se uma certa escassez. Até que, bastante mais tempo depois, as frutas do verão dando em pencas e caindo pelo chão,...e as mantas de tainhas saracoteando irrequietas por toda a costa da ilha, saiu para tentar a sorte meio sem esperança e voltou arrastando um holandês louro.... (43–4)

Human meat, and most importantly, white meat since Capiroba does not eat his kind, becomes the main and most desired commodity. The fact that fish and fruit are not considered to be adequate food is revealing of a cannibalistic act beyond survival. Capiroba describes eating the first Dutch in the following manner:

> O flamengo tinha o gosto um pouco brando, a carne um tico pálida e adocicada, mas tão tenra e suave, tão leve no estômago, tão estimada pelas crianças, prestando-se tão versatilmente a todo uso culinário, que cedo todos deram de preferi-lo a qualquer outro alimento, até mesmo o caboco Capiroba, cujo paladar, antes rude, se tornou de tal sorte afeito à carne flamenga que às vezes chegava mesmo a ter entulhos, só de pensar em certos portugueses e espanhóis que em outros tempos havia comido, principalmente padres e funcionários da Coroa, os quais lhe evocavam agora uma memória oleosa, quase sebenta, de grande morrinha e invencível graveolência. (44)

Capiroba is selective. He has 'developed a taste' for a strange food, a common cultural behaviour that reflects our perception of edible/inedible, transforming it into a delicacy, in the same matter that we come to like and accept Mexican and Oriental food as exotic treats (*Sign* 168). Up to this point, he has been eating only whites and the recipes vary according to each one's meat. For example, Jacob Ferreiro do Monte was considered to be the best "chicken" ever tasted; Diogo Serrano, along with his wife, children and servant had a sort of a discrete taste, and were easy to digest; Fradique Padilha's meat could only be used for bacon since it was old and "esfiapado" (44), and so the list goes on. The extraordinary experience of tasting Dutch meat for the first time causes them to reject Portuguese or Spanish meat in favour of the new, tender and versatile Dutch meat. After all, the distinction between edible and inedible is not a natural one, but rather imposed by culture (*Sign* 167). Now, Portuguese and Spanish meat becomes inedible. Capiroba returns to his roots, but as a civilized modern man, surrounded not only by his family, but by cooks, familiar with spices, cooking methods, etc. The utensils used, the preparation and even the daily gatherings for meal are cultural signs that leads us to view the cannibal family in a sympathetic light;

by participating in the sign codes common to us all, Capiroba's acts of cannibalism can be easily overlooked.

Capiroba is killed but his soul reincarnates centuries later in the body of Perilo Ambrósio. However, contrary to the discriminatory taste of Capiroba, Perilo Ambrósio exhibits an unusual and voracious appetite. When we first encounter this character he is "sentado debaixo de uma jaqueira com as pernas esticadas e abertas, comendo um pão de milho meio seco e dando dentadas enormes num pedaço de chouriço assado" (20). While the two slaves with "famished eyes" watch him eat, he does not show them any sympathy; quite the contrary, he becomes aggressive towards them. At this time he admits that he has always had a particular relationship with food by recalling the feelings of deception and frustration during his childhood:

> Sempre fora assim...Podia ser uma expectativa frustada, podia ser qualquer coisa, até mesmo alguém que conseguisse chegar antes a um naco em que estivesse de mira feita, apesar da boca cheia e da atenção vigilantíssima que costumava dar a toda a comida sobre a mesa, enquanto devorava fragorosamente a que empilhava nas duas ou três selhas de louça da terra que lhe serviam de pratos. (21)

Ambrósio's voracious appetite is such that he often assaulted his sisters. He remembers one particular time when in order to claim a piece of meat and without being able to speak due to having his mouth filled with food, he stabs his sister (21). Later, he recalls that experience, and admits that "jamais...existirá em toda a Terra carne suficiente para matar a fome por aquele pedaço usurpado e arrancado à força de seus dentes desesperados" (21). These gatherings contrast immensely with Capiroba's; contrary to the peaceful and orderly atmosphere that accompany the "cannibal's" meals, Ambrósio's meals are underlined by violence, driven by his excessive appetite. According to Brown, appetite thus denotes distance, the space between "I" and the "world" (*Fictional Meals* 12). He adds that: "...by eating, man ingests and incorporates the world-object. Appetite, moreover always signals a real or symbolic emptiness...In Freudian terms appetite is equivalent to the specific desire to reduce and annihilate...the space between 'me' and the 'world'" (12). Looking at his social interactions, one observes that there is a real distance between the baron and all the other characters. Due to his behaviour he was expelled from home at an early age, and never re-established a relationship with his family; quite the contrary, and as we later learn, he joined forces alongside the Brazilians only to get his family's estate (23). His own wife despises him, although she can only make such terrible confession to her priest (87), and even Amleto Ferreira, one of his most faithful servants, admits that "desviara os recursos do barão e se apropriara de tudo em que pudera pôr as mãos" (229).

Paulo Medeiros aptly states that “eating disorders are not primarily about food [but rather] the outcome of profound conflicts between individuals and their parents and society as they attempt to fashion (or to understand) themselves in relation (or opposition) to prescribed roles...” (12). It is crucial to recall that, in spite of the baron’s riches, he is still the reincarnation of Capiroba’s soul, a marginal character, who centuries later, still does not belong to any community. After all the efforts that Antônia Vitória invests in preparing an elaborate lunch and an even better dinner, the baron harshly criticizes her by calling the food a “malassada” [que] não estava muito diferente da comida dos negros, embora a tivesse devorado quase inteira” (87). Although our first introduction to the baron can be interpreted as an exercise of social power (Rappoport 34), there are bigger issues at hand. The cliché that Leon Rappoport brings forth “eating is as much or more a matter of the mind as it is of the body” (13) sheds light on the baron’s behaviour. It is through the baron’s eating habits that we are able to determine his identity and his lack of adjustment to the world that surrounds him. The connections between eating habits and identity are remarkable. Food related habits can identify social and emotional behaviours; for instance low class people prefer sweet foods, while those moving up in the social ladder tend to modify their preferences accordingly (Rappoport 53, 55). For some, like Perilo Ambrósio, childhood relationships with food carry lifetime implications (Rappoport 62).

One of these implications for Ambrósio is loneliness. In fact, in psychological terms appetite can also symbolize an anxiety for something, such as affection (Chaplin 239). Perilo Ambrósio does not have any true relationships, and, as we have noted, is despised by most. The baron’s appetite extends to sexual relations where he exhibits the same voracity: “e finalmente pegando a negrinha Vevé...deflorá-la de um só golpe...sentir qualquer estalo de pele ou cartilhagem se rompendo...até encostar os ossos dela em suas banhas” (91). James Brown explains that according to Freud:

> ...orality and sexuality form links in the same developmental chain...between “me” and the “other”...constitute the most direct and intimate forms of communication with the world. Consequently, the act of eating becomes the archetype of intercourse, both sexual and social. (“On the Semiogenesis” 327)

In addition to the evident connection that links the act of eating to sexual acts as well, we are faced once again with a behaviour usually attributed to the cannibal. Sarah Sceats affirms that cannibalism is an extreme form of dehumanization which “with its qualities of rampant power and insatiability, suggest the absolute supremacy of the consumer” (122). Certainly, Ambrosio’s encounter with Vevé is not different from the ones with food. She is devoid of humanity. During the encounter he devours and consumes her in the same fashion he does with food; as Sceats pointed out, rampant and insatiable.

Similarly to Capiroba, Perilo Ambrósio thinks of food in the days close to his death:

> ...ao despeito de saber que os outros continuavam comendo à vontade e, ignorando o que lhe ponderavam até mesmo as negras da cozinha, atafulhava-se de tudo em que podia meter as mãos, em expedições embrutecidas ao fogão e aos guarda-comidas. (163)

It appears that the caboco Capiroba would have been better suited to live in Ambrósio's time. After all, Capiroba was a gentle, kind soul, he even became a "farmer" of sorts with one domesticated Dutch in his corral. He exhibits a civilized behaviour by being kind to the "animals," by following culture's rites of commensality, and by surrounding himself with a loving family. Ambrósio, on the other hand, exhibits the sadistic, cruel behaviour ascribed to the cannibal. The violation of Vevé with its graphic details of torn cartilage resembles indeed the cannibal act. Contrary to Capiroba, he does not have a loving family, and doesn't follow civilized commensality acts.

We can thus conclude that Caboco Capiroba and Perilo Ambrósio tell us who they are through food. As Ferreira de Almeida points out, the cannibalism in *Viva o Povo Brasileiro* can be read along the same lines as Oswald de Andrade's anthropophagi because it represents the consumption of a foreign culture in order to form the other: the Brazilian (256). We undoubtedly tend to sympathize with Capiroba due to the fact that we understand his position. It is true that food plays an important role in culture, and by choosing to become what he believes his ancestors were, Capiroba finds his own cultural identity. On the one hand, he longs for the time when these foreigners did not inhabit his land; but, on the other hand, he has also been influenced by these Others, who have brought with them the recipes that he has eagerly adopted. Ironically, as Capiroba's actions suggest, Brazilian culture is not a mere return to cannibalism, but rather an intertwined tapestry of old and new traditions. Food, and its related activities follow the codes considered to be civilized. It is impossible for Capiroba to return completely to his ancestry; after all, he is a "modern" cannibal, equipped with the Other's recipes and culture.

Centuries later we are faced with Perilo Ambrósio, a despicable character. Despite the fact that he has a vast estate we soon learn that in many ways, he is more of a cannibal than Capiroba ever was. However, and perhaps the most troublesome is the fact that we have been told that they share the same soul. It remains then to decipher how this soul has reincarnated in its complete opposite. Nevertheless, one small detail discloses it all: Ambrósio no longer accepts his Brazilian heritage because "a verdade é que se considerava português" (23). Perilo Ambrósio, like many characters in his world, is the result of centuries of European influence, which ultimately translates into the loss of the Other: the Brazilian. The baron of Pirapuama's relationship with food is a sign of that loneliness, that dream for an independent culture, that was once pursued by Capiroba, but never resolved. His alienation leads him on a rampage, consuming everything and everyone.

In a way, this now Portuguese soul, truly symbolizes Montaigne's view on cannibalism. Regrettably, Capiroba's dream, that the Portuguese had never colonized his land, is not only a thing of the past, but it has been completely obliterated. Due to the extreme violence that characterizes Ambrósio's relationship with food and others in general, we can assert that Capiroba no longer exists; even though the cannibal persists in Ambrósio. We return to the two apparently unconnected quotes with which we started this article, only to conclude that they are intimately bounded. The seeming civilized baron is in reality the cannibal, who consumes all: food and people alike. And while he does not kill, he tortures and consumes them alive. Capiroba chooses to honour his ancestors and becomes a cannibal. However, he is not a vicious killer, he simply hunts these "animals," that while under his care, are treated with compassion. Ultimately, the text leads us to ponder the meaning of cannibalism and the power of food in the making of the Brazilian soul.

Notes

[1] The importance of the apple derives from the biblical account of Adam and Eve, and while beef is considered sacred in Indian culture, it's a popular consumption in the western world (Danesi, *Sign*166). Similarily, rabbits, cats and dogs are considered pets by westerners and therefore deemed inedible (Danesi and Perron 237).

[2] Grignon gives as an example the French aristocratic elite whose access to selective club-restaurants serves to mark the distintion between them and the common civil servants (30).

[3] This preference is not accidental, but rather reflects a historical reality of the occupation of northern Brazil by the Dutch. Ironically, by eating the Dutch, Capiroba will contribute towards their eradication from Brazil.

[4] The association of Capiroba with the two women is important because according to Christian and Brazilian historiografy, cannibalism as well as witchcraft were mainly asso-ciated with

women (Ferreira de Almeida 248–49).

[5] Danesi illustrates this issue of the edible/inedible by remarking on how someone who possesses a rabbit as a pet, would not be able to eat rabbit, a meat widely accepted in other cultures (*Sign* 163).

[6] Just like Robinson Crusoe abandoned on a deserted island, and driven by hunger, one would not mind eating raw food; survival would take on precedent over cuisine. However, if after a while and upon finding other individuals on the island under the same circunstances, a division of labor would take place as well as an organized food preparation, where the communal likes and dislikes would be taken into account (*Sign* 165).

Works Cited

Barer-Stein, Thelma. *You Eat What You Are*. Toronto: McClelland and Stewart, 1979.

Barthes, Roland. "Toward a Psychosociology of Contemporary Food Consumption." *Food and Culture*. Ed. Carole Counihan & Penny Van Esterik. New York: Routledge, 1997. 20–27.

Brown, James W. *Fictional Meals and Their Function in the French Novel 1789–1848*. Toronto: U of Toronto P, 1984.

———. "On the Semiogenesis of Fictional Meals." *Romantic Review* (1978): 64:4, 322–332.

Chaplin, James P. *Dicionário de Psicologia*. Lisboa: Dom Quixote, 1981.

Danesi, Marcel. *Of Cigarretes, High Heels and Other Interesting Things: An Introduction to Semiotics*. New York: St. Martin's P, 1999.

———. *Sign, Thought, and Culture*. Toronto: Canadian Scholars' P, 1998.

Danesi, Marcel and Paul Perron. *Analysing Cultures*. Bloomington: Indiana UP, 1999.

Ferreira de Almeida, Maria Cândida. *Tornar-se Outro: o Topos Canibal na Literatura Brasileira*. São Paulo: Annablume, 2002.

Grignon, Claude. "Commensality and Social Morphology: An Essay of Typology." *Food, Drink and Identity*. Ed. Peter Scholliers. New York: Berg, 2001. 23–36.

Lévi-Strauss, Claude. "The Culinary Triangle." *Food and Culture*. Eds. Carole Counihan & Penny Van Esterik. New York: Routledge, 1997. 28–35.

Medeiros, Paulo. "Cannibalism and Starvation: The Parameters of Eating Disorders in Literature". *Disorderly Eaters: Texts in Self-Empowerment*. Ed. Lilian R. Furst & Peter W. Graham. Pennsylvania: Pennsyvania State UP, 1992. 11–28.

Montaigne, Michel de. "Of Cannibals." *The Complete Essays of Montaigne*. Trans. Donald M. Frame. Stanford: Stanford UP, 1958. 150–59.

Rappoport, Leon. *How We Eat: Appetite, Culture and the Psychology of Food*. Toronto: ECW, 2003.

Ribeiro, João Ubaldo. *Viva o Povo Brasileiro*. Rio de Janeiro: Nova Fronteira, 1984.

Sagan, Eli. *Cannibalism: Human Aggression and Cultural Form*. New York: Harper & Row, 1974.

Sceats, Sarah. "Eating the Evidence: Women, Power and Food." *Image and Power: Women in Fiction in the Twentieth Century.* Eds. Sarah Sceats & Gail Cunningham. New York: Longman, 1996. 117–27.

Scholliers, Peter. Meals, Food Narratives, and Sentiments of Belonging in Past and Present." *Food, Drink and Identity: Cooking, Eating and Drinking in Europe since the Middle Ages*. Ed. Peter Scholliers. New York: Berg, 2001. 3–22.

7 La obra de Juan Rulfo: un viaje al "Inframundo"

ESTHER RAVENTÓS-PONS

Desde el surgimiento del surrealismo a principios del siglo XX, existe la tendencia en el arte y la literatura de alterar y abolir las fronteras entre lo real y lo imaginario, entre lo natural y lo sobrenatural. Jaime Alazraki indica que en la literatura contemporánea "lo fantástico representa no ya una evasión o digresión imaginativa de la realidad sino, por el contrario, una forma de penetrar en ella más allá de sistemas que la fijan a un orden que en literatura reconocemos como 'realismo'" (86). ¿Cómo se logra que lo fantástico en la literatura y el arte actual sea plausible? Mary Jordan Erdal indica que "La enmarcación de lo fantástico en un mundo verosímilmente real es lo que enfatiza la irrupción de lo extraordinario en lo ordinario y le concede el inquietante impacto de lo sobrenatural casual" (116). En *Pedro Páramo* e *Inframundo* de Juan Rulfo, lo fantástico irrumpe en un mundo "verosímilmente real" para embarcar al lector en un viaje al "inframundo"; un viaje donde desaparecen los límites entre la vida y la muerte, entre la realidad y la irrealidad. En ambos textos, forma y contenido crean un sistema de relaciones que obedecen a leyes complejas de carácter racional e irracional para formar imágenes, con unas cualidades gráficas y sensoriales, que presentan un mundo "sobrenatural casual" cerrado al futuro—aislado, desolado y lúgubre—del que emerge con fuerza un gran realismo telúrico.[1]

Rudolph Arnheim, indica que "Visual art and literature rely on images" (46). *Pedro Páramo* e *Inframundo* son dos textos autónomos: uno escrito y el otro visual, pero las imágenes que surgen de la novela y de las fotografías están intrínsicamente relacionadas. En la novela *Pedro Páramo*, Rulfo subvierte los conceptos tradicionales de narrativa, espacio y tiempo para producir una imagen visual plástica donde los contornos de los objetos se difuminan y generan un mundo ambiguo y misterioso, el mundo de los muertos vivientes. En las fotos de *Inframundo*, que el autor tomó de Jalisco y su gente, juega con las tensiones visuales de perspectiva, focalización, espacialidad y valores de luz para captar el mismo universo presentado en la novela, un universo en el que aparece la dicotomía vida/muerte. En ambos textos, "el inquietante impacto de lo sobrenatural casual" surge al imponerse la muerte de forma persistente en la vida. Víctor Bravo señala que "la presencia de la muerte es la presencia de lo sobrenatural, de lo desconocido, la ausencia de certezas; por ello es la germinación del horror o de una alteridad que sucumbe, muchas veces, en la tranquilidad de la alegoría" (167) y concluye que en *Pedro Páramo*, pero también podría incluirse a *Inframundo*, "la muerte y la vida persisten de manera indiferenciada en este espacio común hasta el punto de, a ratos, perderse la noción de quiénes son los vivos y quiénes los muertos que deambulan por el pueblo" (172). Con ello, Rulfo consigue crear un mundo extraño, inquietante, inusual que desemboca en la incertidumbre e incluso la angustia, por su carácter sobrenatural y a la vez tan real.

Figura 1.

© Fotografía de Juan Rulfo. Publicada en *Inframundo*. Propiedad de la Sra. Clara Rulfo, bajo custodia de la Fundación Juan Rulfo.

E. H. Gombrich, en la introducción de *Art and Illusion*, indica que el mundo de los sentidos es un rompecabezas impenetrable y que las imágenes se comprenden sólo cuando el autor y el lector/espectador comparten una serie de convenciones y sistemas a través de los cuales el texto puede ser codificado y descodificado. La novela de *Pedro Páramo* y las fotografías en *Inframundo* desarrollan una serie de imágenes fugaces, nebulosas e inasibles inspiradas en el mundo de los sentidos, que se resisten a una fácil codificación y descodificación de la narrativa. Por un lado, Luis Leal refiriéndose a la estructura de *Pedro Páramo* indica que el fondo de la novela "es en sí vago, indefinido, irreal, nebuloso. Pero unificado por el tono poético, a veces mágico, que ha sabido mantener a través de todas sus páginas" (294). Este tono poético y mágico crea una serie de imágenes inexplicables, llenas de murmullos, donde deambulan voces de almas en pena que "no tenían ningún sonido, no sonaban; se sentían; pero sin sonido, como las que se oyen durante los sueños" (44). El oxímoron de sonidos que no suenan pero se sienten refuerza la imagen de un mundo extraño, brumoso, inmaterial, poblado de presencias fantasmagóricas; un mundo muy semejante al que encontramos retratado en las imágenes de *Inframundo* y sobretodo en la imagen de la portada. Esta fotografía (*figura 1*) representa una casa derruida y rodeada por la niebla, pero aunque la imagen es frontal existe un juego compositivo de superposición de planos que rompe con la frontalidad y nos invita a adentrarnos en un mundo mágico, poético, muy semejante al de la novela. El solapamiento de las dos paredes en completa oscuridad, que ocupan la mayor parte del espacio visual, y la interferencia entre ellas de una niebla blanca luminosa crean una secuencia de profundidad en la dimensión visual, guiada además por un tercer muro perpendicular y algunas vigas desmanteladas, que empuja el primer plano hacia el espectador. La niebla se interpone entre los dos planos desconectándolos y comprimiéndolos entre el cielo y la tierra para promover un ambiente poético en el que impera la sinestesia: el aire no se siente, pero se ve. La luz que atraviesa el hueco centrado de la puerta y se proyecta en forma de triángulo en el suelo invita al espectador a entrar. Esta foto recuerda la casa que ve Juan Preciado cuando la pareja de hermanos lo invita a pasar: "Entré. Era una casa con la mitad del techo caído. Las tejas en el suelo. El techo en el suelo" (43). El espectador/lector penetra en ese mundo real, desolado y aislado, que "en vez de sustentarse en cosas concretas, parece estar elaborado con puros residuos: de tiempo, de historias, de lenguaje—en fin—, de huellas. De personajes fantasmales sin rostro definido, que deambulan en un ambiente sórdido, obsesivamente caracterizado por un todo dejado siempre a medio hacer" (Rivero 28). Las imágenes verbales y visuales se difuminan para crear una atmósfera irreal de un mundo dominado por los espectros donde lo sobrenatural se convierte en algo natural.

En la primera parte de la novela, Juan Preciado está vivo y narra en primera persona el motivo de su viaje y su búsqueda: "Vine a Comala porque me dijeron que acá vivía mi padre, un tal Pedro Páramo. Mi madre me lo dijo. Y yo le prometí que vendría a verlo en cuanto ella muriera" (7). A partir de aquí, Juan Preciado entra en un pueblo de habitantes en el que casi todos están muertos, aunque al principio ni él ni el lector son conscientes de ello.

Bravo considera que aquí se entra en "un ámbito extraterritorial, el ámbito de la muerte, que se ha aposentado en un espacio de la vida" (173). En este espacio extraterritorial, Eduviges Dyada cuenta a Juan Preciado la noche que murió Miguel Preciado y la conversación que tuvo con él cuando ya era un espectro. El diálogo entre Miguel y Eduviges, que aparece en el segmento 12, se produce de forma natural, como si fuera normal que un vivo hablara con un muerto. Eduviges le dice "—No. Loco no, Miguel. Debes estar muerto. Acuérdate que te dijeron que ese caballo te iba a matar algún día" (23). En este instante, como indica Hurgo Rodríguez Alcalá "se invita al lector a aceptar como algo natural y corriente el diálogo de un vivo con un muerto. O, dicho de otro modo: Rulfo hace que uno de sus personajes acepte lo sobrenatural con toda naturalidad y logra una 'verosimilitud' aceptable precisamente en virtud de un lenguaje realista, familiar" (134). A partir de aquí, el lector está preparado para aceptar el mundo fantasmal de Comala como algo "real".

Joseph Sommers afirma que: "La estructura también ayuda a borrar las divisiones entre realidad e irrealidad, divisiones que deben ser minadas para poder afirmar la presencia de elementos míticos y mágicos en el alma del hombre" (153). La estructura desvanece el tiempo en instantes evanescentes que rompen con el orden causal-temporal y afirman la presencia de lo "sobrenatural casual". El texto está dividido en setenta fragmentos y cada fragmento puede considerarse como parte de una amplia imagen con su propio contexto espacio-temporal, ya que a veces no existe ningún nexo aparente con el siguiente fragmento. Además de estos fraccionamientos, en la mitad de la narración (alrededor del fragmento 36) existe una escisión en la función narrativa dividiendo la novela en dos partes. La primer parte, Juan Preciado narra su historia desde su llegada a Comala hasta su muerte, es decir, él narra desde la vida. Por el contrario, la segunda parte narrada en tercera persona, se hace desde el espacio de la muerte: "la sepultura, donde se encuentra Juan Preciado, muerto" (Bravo 173). El protagonista pasa de la actividad dialógica a la contemplativa de la otra Comala, la de Pedro Páramo. Es decir, en la segunda parte, la primera persona voz narrativa de Juan Preciado deja paso a una tercera persona que va a describir, no desde un punto de vista omnisciente, una historia diferente, Comala, un pueblo vivo. Los lectores, al igual que el protagonista, quedan atrapados en un mundo mágico habitado por personajes fantasmales que vagan en este pueblo árido y totalmente en ruina para evocar un pasado mejor y próspero del pueblo.

A la fragmentación de la estructura que impide el fluir del tiempo hay que añadir que la mayoría de los personajes, que intervienen para comunicar ideas, conceptos o experiencias, están muertos. Estos viven condenados desde su inmovilidad en las tumbas a proyectar sus recuerdos sin ninguna proyección futura y recordar el pasado: "Estoy aquí, boca arriba, pensando en aquel tiempo para olvidar mi soledad. Porque no estoy acostada sólo por un rato. Y ni en la cama de mi madre, sino dentro de un cajón negro como el que se usa para enterrar a los muertos. Porque estoy muerta" (67). En este mundo de espectros, lo sobrenatural se convierte en cotidiano y la muerte no se construye como una oposición al mundo real. Al respecto Carlos Blanco Aguinaga, considera que "Rulfo maneja a la perfección el entrejuego de realidades de diferentes planos", en el que el lector se enfrenta a "un mundo vago, sin tiempo, como Comala mismo, como la realidad toda de Rulfo" (79–80). La realidad/irrealidad centrada en la polaridad vida/muerte promueve unas escenas estáticas de inmovilidad fotográfica, donde la noción del tiempo desaparece para captar toda la realidad del mundo de Rulfo y que aparece en las imágenes de *Inframundo.*

Figura 2.

Susan Sontag, considera que "Photographs may be more memorable than moving images, because they are a neat slice of time, not a flow" (17). La fuerza de la fotografía estriba en que cada imagen privilegia un momento, lo congela, y rompe con el fluir del tiempo descomponiéndolo en momentos evanescentes. La fotografía detiene el tiempo, pero puede captar el movimiento, suspendiéndolo para recomponerlo. No sucede así en las fotos de Rulfo. Estas no sólo congelan un momento en el tiempo sino que retienen el movimiento retratado en la imagen para crear un mundo atemporal similar al de la novela que logra borrar la división realidad/irrealidad. En la toma (*figura 2*) donde tres campesinas están trabajando la tierra árida de un cerro pelado y desgastado por el sol, la imagen capta el movimiento de la acción —el cavar—pero éste queda paralizado y retenido a la fuerza por la composición de la imagen, así como en *Pedro Páramo* queda detenido por la fragmentación de la estructura. El ambiente árido sin contraste, desolador y estático domina la composición y aunque la postura de las figuras, giradas, en su moción de cavar funciona como una constante de movimiento en círculo, las tensiones de las líneas rectas y los ángulos del paisaje y de las herramientas dominan la movilidad hasta anularla. Al reforzar la circularidad y la repetición de acciones, el tiempo y el movimiento se diluyen apartándose de la idea del tiempo cronológico, a la vez que se afirma la presencia del elemento mítico señalado por Sommers que confunde lo cotidiano de la temporalidad con lo mágico de la atemporalidad.

Por otro lado, las figuras en la fotografía emergen débilmente desde una red de formas poderosas que las embebe y las inmoviliza, para convertirse en meros vehículos que se integran en el paisaje, al igual que los personajes/espectros de la novela. En *Pedro Páramo*, hay muy pocas descripciones físicas, lo que impide al lector poder visualizar los personajes completamente y nítidamente. Una de las más amplias descripciones es la de Eduviges:

> Su cara se transparentaba como si no tuviera sangre, y sus manos estaban marchitas; marchitas y apretadas de arrugas. No se le veían los ojos. Llevaba un vestido blanco muy antiguo, recargado de holanes, y del cuello, enhilada en un cordón, le colgaba una María Santísima del Refugio con un letrero que decía: 'Refugio de pecadores'. (18)

La transparencia de su cara, las manos marchitas, la desaparición de los ojos construyen un cuerpo fantasma que acabará por volatilizarse en el espacio. El personaje se disuelve en el ambiente desolador y sin vida de Comala. Son voces y murmullos, espectros, que casi desaparecen en el espacio, como las mujeres de la fotografía. Vida y muerte, realidad e irrealidad se unen en *Pedro Páramo* e *Inframundo* infiltradas por las mitologías populares mexicanas.

Octavio Paz indica que "para los antiguos mexicanos la oposición entre muerte y vida no era tan absoluta como para nosotros. La vida se prolongaba en la muerte" y, continúa diciendo, "para el habitante de Nueva York, París o Londres, la muerte es la palabra que jamás se pronuncia porque quema los labios. El mexicano, en cambio, la frecuenta, la burla, la acaricia, duerme con ella" (49, 52). En *Pedro Páramo*, los muertos hablan, narran, gesticulan, se mueven y duermen, de esta manera se desvanece la oposición entre vida y muerte. Los dos mundos se funden en uno y desaparecen los contornos que los delimitan: "Si usted viera el gentío de ánimas que andan sueltas por la calle. En cuanto oscurece comienzan a salir. Y a nadie les gusta verlas. Son tantas, y nosotros tan poquitos, que ya ni la lucha hacemos para rezar porque salgan de sus penas" (47). Estos personajes fantasmales, sin características definidas, que vagan en un ambiente sórdido conversando con vivos y muertos, son evocados en las imágenes de *Inframundo*.

Figura 3.

De igual forma, la huella prehispánica del culto a los muertos, conjuntamente con la dicotomía vida/muerte, aparece literal y metafóricamente en la fotografía de la cruz de piedra. En esta imagen (*figura 3*), la oposición de dos ideologías religiosas: la indígena y la europea se mezclan. La cruz de piedra, focalizada frontalmente y centralizada, a simple vista parece llevar consigo un código de significado claro de connotación ritual, elemento religioso asociado con el cristianismo. La cruz simboliza para el cristiano la victoria sobre la muerte que Jesucristo con su pasión reconquistó para proporcionar la idea de eternidad. Sin embargo, el escorzo de la imagen enfatiza como primer plano la parte inferior de la foto donde se encuentra grabada en altorrelieve (acercándose al espectador) una calavera y unos huesos. Este punto de enfoque provee una evidencia visual que modifica el contexto en que se produce el significado de la imagen para infundirle una nueva dimensión: la concepción de la muerte para el mexicano, arraigada a la propia cultura precolombina, donde los muertos conversan entre ellos y con los vivos. En esta percepción de la muerte aparece claramente la ruptura de dos planos opuestos: el racional y el irracional, el material y el inmaterial.

En *Pedro Páramo*, según explica Mario Valdés, "Rulfo se vale de otro símbolo mexicano: el mito del agua quemada para que las voces de los muertos enuncien la condena ecológica y ontológica del antiguo México" (228); y como indica Laurette Séjourné en este mito, la vida emerge con la unión equilibrada de dos contrarios: el agua y el fuego (99). En otra fotografía de Rulfo de una cruz en diagonal, aparece el jeroglífico del agua quemada, encontrado en códices y grabados en piedra, en los que se muestra dos corrientes una de agua y otra de fuego que se unen. Entre los altorrelieves insertados en la cruz se destaca, en el lugar donde deberían emplazarse las manos de Jesucristo, el jeroglífico que se impone como continuidad de una cadena de encuentros, de sucesos a través de la historia del pueblo mexicano. En esta imagen, como en la anterior, se combinan la confidencia y cohibición de una cultura que corre paralela a la dominante, a través de dos elementos opuestos: la cruz cristiana y los mitos prehispánicos. En *Pedro Páramo*, el mito del agua quemada sirve para establecer dos visiones totalmente opuestas del mismo espacio: una oscura—la Comala de los muertos vivientes que encuentra Juan Preciado de colores marrones, grises y pardos—y una clara—la Comala de los vivos de colores verdes, amarillos y brillantes—. Esta oposición se encuentra también en las noventa y seis fotografías de *Inframundo* (no numeradas, ni tampoco se indica el lugar o cuándo fueron tomadas), donde el paisaje predominante de cerros pelados, llanos áridos y secos se opone a los parajes llenos de vegetación y fértiles.

El equilibrio entre el agua y el fuego aparece en la Comala idílica y paradisíaca que recuerda Dolores, donde florece el maíz y un paraje verde y fértil donde el hombre puede vivir (Valdés 231) y que describe de la siguiente manera: "hay allí, pasando el puerto de los Colimotes, la vista muy hermosa de una llanura verde, algo amarilla por el maíz maduro. Desde ese lugar se ve Comala, blanqueando la tierra, iluminando la noche" (8). El lector/espectador "ve Comala" con sus ojos porque el discurso está enfocado a través de calificativos explícitos de "la vista" que promueven una imagen plástica llena de colores brillantes y vivos reforzada con el oximorón "iluminando la noche". Este paisaje lírico lleno de vitalidad lo encontramos en las imágenes de *Inframundo* donde el agua domina, ya sea por su presencia como lago o cascada, o por la amenaza de una tormenta que contrarresta los efectos devastadores del sol; es un espacio concreto, verde y fértil por el agua.

Figura 4.

© Fotografía de Juan Rulfo. Publicada en *Inframundo*. Propiedad de la Sra. Clara Rulfo, bajo custodia de la Fundación Juan Rulfo.

La imagen que evoca Dolores, semejantes a algunas imágenes fotográficas, está encuadrada en un espacio concreto de formas y colores que se opone y contrasta con el paisaje difuminado de la Comala oscura y tenebrosa de los muertos que percibe Juan Preciado: "En la reverberación del sol, la llanura parecía una laguna transparente, deshecha en vapores por donde se traslucía un horizonte gris. Y más allá, una línea de montañas. Y todavía más allá, la más remota lejanía" (8). El verbo "parecer" en condicional introduce al lector a un mundo inestable e irreal. Un mundo donde la tensión equilibrada entre el agua y el fuego se ha roto. Un espacio en que el reflejo del sol hace emanar vapores traslúcidos que diluyen los contornos y en el que prevalece un color único: el gris del horizonte. Es un mundo habitado por espectros y murmullos y dominado por una naturaleza hostil: "Aquello está sobre las brasas de la tierra, en la mera boca del infierno" (9). Este mismo calor que arrasa el pueblo de Comala también aparece en las fotografías. En estas (*figura 4*), encontramos un espacio árido, devastado, castigado por las inclemencias temporales, especialmente por el calor del sol y que se visualiza en una vegetación desértica de nardos, cactus, raíces y árboles secos. El mismo paisaje que describe Juan Preciado cuando va descendiendo con el arriero Abundio: "Después de tras-tumbar los cerros, bajamos cada vez más. Habíamos dejado el aire caliente allá arriba y nos íbamos hundiendo en el puro calor sin aire" (9), se materializa en la fotografía donde un arriero desciende con dos bueyes y cuyo paisaje se difumina debido al contraste creado por la intensa luminosidad del sol resecando la tierra y los árboles mientras que la línea de montañas pierden sus contornos debido a que se sumergen en una neblina gris. Este desierto infernal, árido, seco y difuminado queda invadido por muertos, por fantasmas, por ánimas en pena que hablan de una realidad mexicana: la tierra, el cacique y sus víctimas—un pueblo castigado por Pedro Páramo que convierte el esplendor de Comala en un mundo de muertos vivientes—.

La destrucción del pueblo es ocasionada por el rencor vivo del cacique, Pedro Páramo, dueño no sólo de las tierras sino del agua, que abusa de su poder y desvía el cauce del río para vengarse del pueblo: "Me cruzaré de brazos y Comala se morirá de hambre. Y así lo hizo" (102). Comala se muere de hambre porque no hay agua que pueda contrarrestar la acción del sol acabando con el equilibrio que da vida. El pueblo se convierte en un paraje árido que se va vaciando de seres humanos. Estos emigran o mueren de hambre dejando un espacio vacío, desierto y quemado, como confirma Dorotea: "Y de remate, el pueblo se fue quedando solo, todos largaron camino para otros rumbos y con ellos se fue también la caridad de la que yo vivía. Me senté a esperar la muerte" (55). Comala pasa a ser un pueblo dominado por el sol y el fuego, por el Dios Huehueteotl, el antiguo Dios del Fuego que despoja la tierra de todo verdor y que emerge amenazante en otra de las fotografías de *Inframundo*. En ésta, su posición prominente en un centro simétrico aumenta el primitivismo de la escultura, inerte, fija e integrada en la tierra, arraigada en el espacio como una experiencia del pasado que continúa en el presente y se proyecta hacia el futuro. La imagen emerge con una gran fuerza icónica que subraya su soledad histórica a su vez que fractura la realidad de la cultura existente.

En la carta al lector de Frank Janney, incluida en *Inframundo*, comenta: "En las fotos que ha tomado Rulfo, se presencia el drama de su Jalisco y de

Figura 5.

la pobreza. Las personas retratadas por Rulfo, como sus personajes, han sido despojadas de la tierra, de la identidad e incluso de la vida por fuerzas a las que el autor da consistencia pero sabiamente deja sin explicar". El drama de Jalisco tan patente en *Pedro Páramo* emerge con gran fuerza en la iconicidad de los retratos en *Inframundo*. La toma de la mujer vestida de negro situada en el primer plano a la izquierda con la mirada en el infinito se convierte en un comentario social (*figura 5*). La posición del cuerpo, el movimiento, el gesto, el juego de miradas forman parte de un ritual interactivo, codificado dentro de ciertas convenciones sociales, que revelan información sobre el personaje y el ambiente que les rodea. Sus ojos, sus manos y su cara resaltan por la intensidad de luz contra el fuerte contraste del vestido negro mientras el fondo borroso casi parece desaparecer en el segundo plano por los grises mediatizados. El espectador experimenta concentrado en sus arrugas, en el fruncir de su ceño y en la tristeza de sus ojos la dureza de una vida y el destino de una cultura rota convirtiéndose la toma en la narración de un ser y de una historia. Carlos Fuentes considera que Rulfo en las fotografías resucita al pueblo entero de *Pedro Páramo* pero que "Cada uno de los hombres, mujeres y niños de las fotografías de Rulfo posee una riqueza inmediata-mente reconocible. Se llama la dignidad. No siempre la alegría. Pero la dignidad sí." (15). Dignidad enraizada en el espacio y el tiempo, a la vez que el telurismo se integra en el ser y en su bagaje vivencial que determina su actitud hierática como si estuviera a la espera de algo. Rodolfo Kush considera que está actitud de estar tiene una connotación precolombina y que difiere al "ser" de la civilización occidental.

En *Pedro Páramo* e *Inframundo*, la muerte coexiste con la vida de forma indiferenciada para crear una poética donde lo fantástico se convierte en una continuación de la realidad. La noción de cotidianidad y realismo que se instala en las imágenes disuelve la antinomia real/imaginario=irreal. El lector/espectador no experimenta ningún tipo de sorpresa ante el mundo de Rulfo, un mundo que rompe con los esquemas racionales al derrumbar la barrera que separa el mundo de los vivos y de los muertos. Más bien, éste experimenta un sentimiento siniestro que surge al crear el escritor/fotógrafo "una poesía de la desolación y una humanidad concreta, [que] expresa un mundo que está más allá del paisaje y de sus gentes, construido en blanco y negro, con gran economía y nobleza. Lo que su ojo veía el escritor lo llevaba a las letras" (Benítez 4). Con ello, se entreteje una narrativa en la que se mezcla la historia, la gente, la geografía, la religión, los mitos prehispánicos y el folklore para presentarnos una penetrante y vasta indagación de lo "real" y lo concreto donde la huella de la dominación está presente: la del conquistador con su religión, la del gobierno o el cacique, que ostenta el poder económico y que mantiene a los campesinos en la marginalidad y el olvido.

Nota

[1] La representante de la Fundación Juan Rulfo, Carmen Balcells indica que "Juan Rulfo desarrolló dos actividades creativas de manera paralela: la literatura y la fotografía, y aunque ambas tienen en él un sustrato común, que es la realidad mexicana, deben considerarse manifestaciones creativas autónomas, con sus propias características. No es su literatura el complemento escrito de su fotografía ni su fotografía la ilustración de su literatura".

Obras citadas

Alazraki, Jaime. *En busca del unicornio: los cuentos de Julio Cortázar*. Madrid: Gredos, 1983.

Arnheim, Rudolph. *To the Rescue of Art: Twenty-Six Essays*. Berkeley: U of California P, 1992.

Blanco Aguinaga, Carlos. "Realidad y estilo de Juan Rulfo". *Revista Mexicana de Literatura* 1,1 (1957): 78–80.

Benítez, Fernando. "Conversaciones con Juan Rulfo". En *Inframundo. El México de Juan Rulfo*. México: Norte, 1980. 3–9.

Bravo, Víctor. *Los poderes de la ficción. Para una interpretación de la literatura fantástica*. Caracas: Monte Avila, 1985.

Fuentes, Carlos. "Formas que se niegan a ser olvidadas". En *México: Juan Rulfo fotógrafo*. Barcelona: Lunwerg, 2001. 13–16.

Gombrich, E. H. *Art and Illusion: A Study in the Psychology of Pictorial Representation*. Princenton: Princenton U P, 1961.

Janney, Frank. "Carta al lector". En *Inframundo. El México de Juan Rulfo*. México: Norte, 1980.

Jordan Erdal, Mary. *La narrativa fantástica. Evolución del género y su relación con las concepciones del lenguaje*. Madrid: Iberoamericana, 1998.

Kusch, Rodolfo. *El pensamiento indígena americano*. Puebla: J.M. Cajica, 1970.

Leal, Luis. "La estructura de *Pedro Páramo*", en *Anuario de Letras* 4 (1964): 287–94.

Paz, Octavio. *El Laberinto de la soledad*. México: Fondo de Cultura Económica, 1986.

Rivero, Eduardo. "Juan Rulfo: Escritura de la luz y fotografía del verbo". En *México: Juan Rulfo fotógrafo*. Barcelona: Lunwerg, 2001. 27–32.

Rodríguez de Alcalá, Hugo. *El arte de Juan Rulfo. Historias de vivos y difuntos*. México: E. Bellas Artes, 1965.

Rulfo, Juan. *Inframundo. El México de Juan Rulfo*. México: Norte, 1980.

———. *Pedro Páramo y El llano en llamas*. Barcelona: Planeta, 1987.

Séjourné, Laurette. *La pensée des anciens mexicains*. Paris: François Maspero, 1966.

Sommers, Joseph. *La narrativa de Juan Rulfo*. México: Secretaria de Educación Pública, 1974.

Sontag, Susan. *On Photography*. New York: Anchor, 1977.

Valdés, Mario J. "Juan Rulfo en el *amoxcalli*: una lectura hermenéutica de Páramo". *Revista Canadiense de Estudios Hispánicos*. 22, 2 (1998): 225–36.

8 The Animated Forest: Reflections on Galician Cultural Phenomenon

CAROLINA RAMOS

As a skeptic, I often question the existence of paranormal phenomena, witch stories, old wives' tales, ghosts, and superstitions. But as a Galician, I consider them a matter of fact and simply a part of my cultural heritage. This paradox occurs when questioning, at the same time as accepting, the existence of a paranormal world within our world of the tangible. Is it possible for these two worlds to exist simultaneously? Should we label paranormal phenomena as "untrue" or "nonexistent" just because we cannot explain it? The idea that these two worlds are in sync and not that distant from one another is exquisitely narrated in the book *El bosque animado* [The Animated Forest] by Wenceslao Fernández Flórez.

A fellow Galician, Fernández Flórez takes us into the life in a forest in the northwest coast of Spain: Galicia. This self-governed region was populated once by the Celts and invaded by the Vikings. Its proximity to the land of Lusus, now known as Portugal, influenced the language, Galician, similar to both Portuguese and Spanish, but yet its own. The forest of Cecebre, a village of the province of A Coruña in Galicia, birthplace of both Fernández Flórez and myself, is the setting where three worlds coincide: the human world, and therefore the world of the tangible; the fauna and flora world, more of a fantasy land were animals and plants are personified; and the world of the paranormal, where the dead and the living cohabitate. The amazing subtlety utilized by the author permits the three worlds to coexist and intertwine allowing one to enter a paradox where one accepts the imaginary, understands the reality and believes the paranormal.

The book has been a best seller in Spain since its first edition in 1943. Based on the book, a film that focused on the human stories was produced in 1987. Directed by José Luis Cuerda, and performed by prestigious Spanish actors of the time, it won the Goyas (Film Awards of Spain) for Best Movie, Best Actor, Best Script and Best Musical Score that year. The universal nature of its themes continues to be of relevance today and recently, in 2001, a 3D animation film was created as well. Geared more for children and family audiences, this version of *El bosque animado* deals with the fauna and flora world and it is the first European animation production in 3D. Not to diminish the importance of the world of the fauna and flora in this work, but only to follow the main focus of this publication, I will center this essay around the book itself and the 1987 film, which portray, with much eloquence, the intricate line between the real and the paranormal according to Galician traditions.

The novel is divided in sixteen theme episodes such as "El alma en pena de Fiz Cotovelo" [The soul in torment of Fiz de Cotovelo], "Los trabajos de Pilara" [Pilara's jobs], or "El libro de San Ciprián" [The book of St. Cyprian]. In each episode Fernández Flórez focuses on a character or a specific event. Surrounding this character or event, many other characters are mentioned as well, setting up their stories for the following episodes. This allows us to identify the relationships between all of the different villagers and visitors to Cecebre and helps us create in our minds a general idea of the life that surrounds the forest of Cecebre. The film, in order to create a strong dramatic line, focuses on one character, the bandit Fendetestas, a citizen of Cecebre, who in desperation decides to become a bandit and inhabit the forest. It is around this character, that all others are introduced along with their stories. Most of the critical acclaims about the film, if not all, agree in the fact that it is successfully depicts the Galician essence even though for reasonable dramatic purposes some story lines and order of events were altered.

In the overall outline followed both in the book and the film, the villagers of Cecebre use the forest as a pathway or shortcut to different destinations. However, the forest hosts dangers such as the aforementioned bandit Fendetestas[1] and a ghost called Fiz de Cotovelo, not to mention the occasional visit from the parade of the dead, the *Santa Compaña.* Rumors about these dangers circulate amongst every villager, as well as other common gossip incidents, typical of any Galician *pueblo*. For any misfortune, villagers not only from Cecebre but also from many other *pueblos* around the province, travel to Cecebre to talk to the *Moucha*, the village witch, who has remedies for many misfortunes by consulting her secret book of St. Cyprian, full of spells and witch stories.

When telling us about any of these paranormal occurrences, Fernández Flórez uses the *retranca gallega,* a Galician-like attitude. This characteristic is part of the Galician sense of humour and it is a key to making the two worlds coexist as well as portraying these dangers as commonalities and not horrific episodes. The *retranca gallega* carries a tone of irony that leaves a taste of uncertainty, ambiguity and obscurity, enough to respect the paranormal even when in doubt. When a Galician tells a story, often times one does not know whether it is serious or a joke, it is only sometime later that one realizes the person was kidding. Yet, one is left with a lingering thought: was that really a joke or was it a true story?

In the following pages, I will discuss three different popular Galician superstitions represented in the book and the film: ghosts, the Parade of the

Dead (the *Santa Compaña*) and witches. These three phenomena represent a part of the Galician culture and are always connected to one another. I will also illustrate with some examples how the book portrays the Flora and the Fauna in the forest of Cecebre.

A Ghost: Fiz de Cotovelo & St. Andrew of Teixido

According to the legend, St. Andrew, one of the twelve apostles, arrived on a boat to Teixido, a small village on the coast of A Coruña. The boat capsized by the cliffs and although no one helped St. Andrew, God promised him that a sanctuary and a pilgrimage would take place there by everyone while living or dead. There is also a "rumor" that St. Andrew was quite envious of St. James, whose pilgrimage site is in Santiago de Compostela, and so God compensated him by giving him his own site for a pilgrimage and promising that everyone would have to visit it. The legend may vary depending on who is telling it, however, regardless of the variances, a certain popular saying in Galician is: "*A San Andrés de Teixido vai de morto o que non foi de vivo*" [To St. Andrew of Teixido, you go when you die if you haven't gone while alive]. While doing the pilgrimage, any creature must be respected, that is, if you happen to find a small worm, or a lizard or any other animal going up the path, be careful not to step on it, for it may be the soul of someone doing this trip before they can go to heaven.

If someone promises that they would carry out the pilgrimage before they die and the promise does not come through, then the person when dead will wander as an *ánima en pena* [a soul in torment] until they find a living person to do the trip for them. This is the case of Fiz de Cotovelo, the ghost in the animated forest of Cecebre. Unfortunately, people are afraid of ghosts, so finding someone to do this task is a considerable challenge for Cotovelo. He encounters Fendetestas, the bandit, and asks him for help:

> FIZ: Soy el ánima de Fiz Cotovelo, el de Cecebre, que anda penando por estos caminos.
>
> FENDETESTAS: ¿Quieres unas misas? …
>
> FIZ: Nunca viene mal—parece que respondió el fantasma—. Pero si me ves así es porque hice en vida la promesa de ir a San Andrés de Teixido, y no la cumplí, y ahora necesito que un cristiano vaya descalzo y peregrinando en mi lugar, y que lleve una vela tan alta como yo he sido.…
>
> FENDETESTAS: Pues…, yo bien iría…, pero, la verdad, no me conviene mucho ni creo que me dejasen llegar muy lejos. (42)[2]

The normalcy represented in this encounter between Fendetestas and Fiz de Cotovelo, is just an example of the Galician attitude and of the general tone and rhythm of this book, while also emphasizing the encounter between the normal and the paranormal as natural and simple. At first Fendetestas is scared but soon he enters into a conversation with Fiz de Cotovelo that may seem humorous to some readers, due to the absurdity of talking to someone who is actually dead. This happens because, once the existence of this paranormal situation is considered a true statement, logic follows.

The logical deduction when dealing with the paranormal for the Galician mentality has nothing to do with believing or not believing, it is a either a matter of fact or a "just in case" situation. This may not be true, but "just in case", let's go to St. Andrew of Teixido and that way we will not have to go when we die—this is the common credence for Galicians and many visit the site of this pilgrimage every year.

Fendetestas starts meeting with Fiz de Cotovelo once in a while, they chat, they bond, but yet the ghost is scaring the bandit's clientele away. Fendetestas tries to find a polite and non-confrontational way to get rid of Fiz de Cotovelo by encouraging him to join the *Santa Compaña*, who might be crossing the ocean to America. This way, the ghost can go to Cuba, a land that he always wanted to visit.

FENDETESTAS: Escorrentaste hasta la Guardia civil. Eres mi ruina, Cotovelo. ¿Por qué no te vas? (46)[3]

FENDETESTAS: ...Ahí tienes unos compañeros tuyos que van para allá. ¿Qué te iban a decir si te unieses a ellos? ... (48)[4]

And so Fiz de Cotovelo ran to catch up with the *Santa Compaña*, after all he was already dead and the trip would be free for a ghost joining another group of ghosts who can cross the ocean gliding.

The Parade of the Dead: The Santa Compaña

A Galician rural myth, the *Santa Compaña* embodies a connection between the living and the dead. It is believed that the *Santa Compaña* is formed by a group of souls (it varies from six up to a dozen) walking in one, sometimes two lines, each one carrying a candle and preceded by a living human being that carries a wooden cross and a bucket with blessed water. This living person must guide the *Santa Compaña* until he/she finds another living person to whom the cross and the water can be handed over. This person must never look back while walking with the procession and never remembers performing the night parades for during daylight he/she is in a daze. The *Santa Compaña* gives no rest to the living person, who becomes paler and thinner every night and may even die before someone else is found to fulfill his/her duty.

The main purpose of this parade of the dead is to claim the soul of someone who will die soon or to announce that death will come to a person within a year—although there are other secondary reasons that vary in detail depending on the village. If one sees this procession occur, one must take certain measures of protection or else death will come shortly. There is always at least one person in any Galician village that claims to have seen the *Santa Compaña* and who in fear, rather than belief, carries out some shielding actions. One could step away from their path and not look at them; make a circle with the Solomon star or a cross inside it and step into it; pray or throw oneself to the ground, head down and wait until they have passed. Even performing any of these rituals, one is never sure if death has been avoided.

There are some common factors that take place in many stories from people who claim to have seen the *Santa Compaña*, such as a thick forest, very little light, late at night and only one eyewitness. In many rural areas of Galicia it is also common to say "it was probably the *Santa Compaña*" about any unexplainable event that may have occurred. So even if the *Santa Compaña* existed, it would not appear so often. These factors contribute to disbelief, and although there is really no concrete proof, as in many paranormal activities, even the most skeptical like myself, entertain the idea as part of one's culture.

This rural myth is so deeply rooted in the Galician culture that it has developed its own identity in every village. There is not just one *Santa Compaña*, there are many, and each village claims to have its own, always following the main characteristics explained above, but also acquiring many others that distinguish their *Santa Compaña* from the one that parades the neighbouring village. In *El bosque animado,* the *Santa Compaña* that parades through the forest of Cecebre is talked about on several occasions.

As narrated by Fernández Flórez, the D'Abondo family is one of the richest of the village, and although ghost stories are typically for the lower class, this wealthy Galician family takes pride in having legend-like stories about its ancestors.

> [Emilia] estaba orgullosa de que en la familia D'Abondo hubiesen ocurrido acontecimientos extraordinarios; malos o buenos, ellos constituían la crónica de la casa. Y la mujer de su hermano, aunque de impecable origen, no era una D'Abondo. Había venido de Zamora, de la parte donde comienzan ya las tierras llanas, y en las tierras llanas la gente es más seca y carece de fantasia. (141)[5]

The story of the deceased Don Pedro D'Abondo, Emilia's uncle, is one of extraordinary circumstances, and Emilia now tells his story to her niece with delight, despite her sister-in-law's disbelief. Don Pedro, who once was "entranced" by the *Santa Compaña,* almost lost his mind as Emilia tells:

EMILIA: Casi un mes vivió así. Al fin, un día se sintió inexplicablemente más tranquilo.... Comprendió que había dejado ya un desdichado sucesor en la Santa Compaña, sin que pudieses saber cómo ni a quién, porque los que van en ese peregrinaje macabro no se acuerdan de nada después y solo conservan el malestar de una pesadilla. (151)[6]

Don Pedro was not the only citizen of Cecebre who had encountered the *Santa Compaña*, this is also the case of Pilara[7], a 12 year-old girl who works running errands for a grumpy, distrustful and demanding woman named Juanita Arruallo. One of Pilara's errands was selling the milk from Mrs. Arruallo's cow to the milk women that came to Cecebre by train from the City of A Coruña. Pilara waits for the train that stops for a few minutes, gets in the wagon, hands in the milk that she has carried through the forest, gossips with the milk women hoping one day she would be one of them, and then she jumps off the train before it takes off. One day, a milk woman did not have the exact change to give Pilara and told her she would get it next week. Pilara knew Mrs. Arruallo would not believe her and would think that she stole the money, so she stood firmly in the wagon claiming her compensation. The milk woman finally got change from one of her coworkers but it was too late, the train was moving and Pilara decided to jump off anyway. Pilara died. Any death is unfortunate enough on its own; however earlier in the film we had known that Pilara had seen the *Santa Compaña* year ago, foreshadowing this unavoidable tragedy.

The *Santa Compaña* represents a connection between the living and the dead. The parade needs a living person to guide them and it serves as a messenger of Death for the living, unveiling some explanations to the eternal question of "what happens when we die?". Continuing this connection, another belief from the Galician culture to cross this line between life and death takes place right after someone's death. During Pilara's burial, villagers would yell out to her coffin hoping she would take their messages to their deceased ones:

> Para esta vieja raza celta, inmemorialmente espiritualista, el alma del que se va está aún allí, entre ellos, escuchándoles con la tristeza de la separación, anotando en su memoria turbada los encargos de los que se quedan.... (167)[8]
>
> —¡Oh Pilara: cuando encuentres a mi difunto, cuéntale cómo vivo y cómo saco adelante a nuestros hijos...!
>
> ...
>
> —¡Explica a mi padre que acordamos las partijas como él quería y que no lo olvidamos nunca! ¡No dejes de hacerlo, Pilara! (203)[9]

These beliefs are not necessarily from the 1940s when Fernández Flórez wrote *El bosque animado*. Curiously enough, there is an appendix in the 2002 edition of the book written by Xabier P. Docampo, a contemporary Galician writer and educator. This appendix is just an addition to the original and it does not alter Fernández Flórez' work. It was written after his death and Docampo titled it: "*Where it is told how Fiz de Cotovelo faces his creator and the latter writes his last page after listening to him.*" Docampo plays with the idea of Fiz de Cotovelo meeting the soul of Fernández Flórez, who cannot go to heaven until he fulfills his promise of writing the perfect page. According to Docampo, we find out that Cotovelo did not go with the *Santa Compaña* and decided to go to St. Andrew of Teixido in the form of a turtle, which he concluded to be the most secure way not to be tortured by humans. The recent creation of such an appendix by a contemporary Galician writer is an example of how the Galician myths are still alive today and that, despite all scientific advancements and lack of concrete proof for these paranormal phenomena, we must accept it or believe it, "just in case" it is true. Docampo shows how Fernández Flórez finally writes his last page encouraged by Fiz de Cotovelo and this page says: "¡Que el hombre te ignore!" [May man ignore you!], which is the greeting used by all living creatures in the forest of Cecebre. Finally, the souls of both men go to heaven.

A Witch: The Moucha and the Book of St. Cyprian

The superstitions discussed rooted in the Galician culture are obviously strongly connected to religious faith, more specifically to Catholicism, a religion steeped in the history of the Iberian Peninsula for centuries. The same case applies to the existence of witches, which are still linked to religion but also possess magical qualities: "As meigas non existen, pero habelas hailas" [I don't believe in witches, but they do exist]. This is a popular Galician saying and it is indicatory of the entire tradition that surrounds the mysterious world of magic and the dead.

The influence of religion when referring to witches comes from legends that involve saints and/or the devil. The book of St. Cyprian is popularly known as a book of magic spells and witchcraft, given to St. Cyprian by the Devil himself. Witches are thought to make pacts with the Devil in order to obtain their magical powers—these are called *curandeiras* [healers], they perform *conxur*os [sorcery] and help people get rid of *meigallos* [spells] or bad luck. Almost every village has its *Meiga* [witch], and the *Moucha* is the one in Cecebre in Fernández Flórez' story. Sick in bed, she attends to many locals and travelers to help them with their problems. On many occasions these problems have a rural theme, such as the animals dying on a farm, or drought, or the crops being destroyed by rabbits. Also on many other occasions, the concerns are illnesses, physical or emotional pain and the world of the dead.

When one visits a witch, one must pay, and the *Moucha* makes her living charging excessively for her services. The high expense is accepted without much complaint knowing that witches suffer in exchange for their powers and so that their cures will work. Marica da Fame, Pilara's mother tells a traveler:

> MARICA: Dicen algunos que la vida de las brujas es tremenda. Les refieren cosas horribles y saben los secretos más espantosos, los sucedidos más estremecedores; lo que no se cuenta ni al cura en la confesión. (103)[10]

The *Moucha* consults her old book of St. Cyprian for her remedies, which is all written in Latin. After listening to a problem, she opens the dusty book, looks for the right page, reads it and puts it away. Then she proceeds with her conclusion:

> MOUCHA: Alguien hay que te quiere mal. Tienes que recorrer nueve molinos y coger nueve arenas en cada uno y echarlas en el agua del siguiente. Y no volverás de ellos por el mismo camino que fuiste, ni hablarás con nadie... (107)[11]

The travelers leave satisfied and eager to start the task so that their misfortune would end soon. Marica da Fame, pressured by her poverty, lingers close to the *Moucha* to see if she would give her some commission for bringing business. This is the main motivation of Marica da Fame, who barely makes ends meet and begs the *Moucha* to choose her as a replacement when she dies since one could become a witch through inheritance (many witches are daughters of witches) or by making a pact with the Devil.

> MARICA: Si tú vas a morir, Mouchiña, ¡déjame a mí de bruja en la aldea! ... Has vivido muy bien,...ganabas cuanto querías.... Cuando tú mueras, ¿por qué no dejármelo a mí?...Mira, me explicarás cómo haces y lo que hay que saber y las palabras que tú dices y eso del libro de San Ciprián...y todo.... Tú no sabes lo que es el hambre.... ¿Qué más te da? Si mueres, le haces un bien a tu alma con ayudarme.... Si es verdad que hay que ver al diablo, como dicen, y hablar con él...yo... por mí...no vayas a creer que tenga miedo.... (170–71)[12]

Although somewhat feared, the *Moucha* is accepted as part of the daily lives in the world of the tangible, and her "magic" powers are not questioned.

Witches are still contemporary in the core of Galician tradition, not only as stories from the past, but also as part of our daily lives. People visit witches when desperate needs require desperate measures, and they follow their instructions to the letter in order to fulfill a task that may end their bad times. The witch has become a cultural symbol and a modern commercial icon so much so that many stores in Galicia sell figures of witches, each witch holding a different power. As a Galician, I truly do not believe in witches, but I do have a witch figurine in my home, and…they do exist.

The Forest of Cecebre: Flora and Fauna

As I mentioned before, there is a large part of *El bosque animado* that incorporates the world of the flora and the fauna in the entire narrative. The beautiful descriptions of the forest of Cecebre, the different seasons, weather patterns, and the different animals, all play a significant component of the cultural identity of the Galician people.

The book, as well as the animated film, opens with a conversation amongst the trees of the forest of Cecebre. They are all wondering what kind of tree planted by humans is the new addition to the forest. Amusingly enough, this new species is nothing more than a telephone post with an attitude.

> —¿Cómo es?¿Cómo es?
> —Pues es—dijo el pino—de una especie muy rara. Tiene el tronco negro hasta más de una vara sobre la tierra, y después parece de un blanco grisáceo. Resulta muy elegante. (16)[13]
> …
> Todas las plantas del bosque comentaron al nuevo vecino y convinieron en que debía de tratarse de un ejemplar muy importante. (16–17)[14]

The arrogance of this telephone post plays with the naïveté of the trees, which simply enjoy imitating sounds by moving their branches with the wind and hosting bird nests on their tops. The trees are in awe of the qualities of this new "tree" and admire how the sounds of humans can be heard from within it.

> ¿Para qué quiero yo sostener nidos de pájaros y soportar sus arrullos y aguantar su prole? ¿Me ha tomado usted por una nodriza?…¿Cómo podría yo servir a la civilización y al progreso si perdiese tiempo con la cría de pajaritos? (18–19)[15]

Ironically, the telephone post is cut down by the end of the episode, and the trees go back to their simple and enjoyable lives.[16]

In a connection between the Fauna and the human world, a little mole called Furacroyos, is looking for his pregnant wife. Unfortunately, Fuco, Pilara's brother, captured his wife to sell her fur to the rich. This is the main story in the animated film, where all the animals get together to save Furacroyo's wife from being killed by humans, and in the end the animals succeed. However, in the book, she is killed and her fur is used to make a coat.

Another interesting and amusing story is told in the episode called "El clan de los gatos" [The clan of the cats]. This story illustrates how a pet cat wanders into the forest to join a gang of homeless and hungry cats who are planning to attack a cow so they can eat it. The poor pet cat finds the task too difficult and returns to her human home, where she gets to play with balls of yarn and where food is served everyday. Flies are also the protagonists in another episode, "El pueblo pardo" [The brown village], where they are portrayed as dumb, funny and absent-minded. These character traits explain their constant crashing against windows and justify their "meaningless" lives to humans, who find them so annoying. It is believed that Fernández Flórez was ahead of his time when he used the style of prosopopeia to denounce the lack of respect that humans have for nature. The author expresses this through the personified trees and animals, when they talk about men's inconsiderate actions: cutting down trees, making fur coats or building houses in the middle of the forest.

After having considered the importance of these Galician cultural phenomena, one would be amiss if one did not mention the significant role language plays in their belief of the paranormal. Galician has a musicality and a mysticism that makes all of those sayings and terms used to describe witches, ghosts and souls in torment become real in one's mind. There are over eight terms alone to refer to the *Santa Compaña*[16]; there are different words that distinguish between good spells, bad spells, or even envy spells[18]; there are many poems written to recite different types of spells; there is a handful of words just for the term "witch"[19]; there are sayings that rhyme that make sense only when told in Galician; and there are many small rituals with text performed in Galician as part of annual celebrations[20].

Galician has been struggling to survive in a country where Spanish is the main language. During Francisco Franco's dictatorship in Spain (1936–1974), all other languages were prohibited (Galician, Catalan and Basque). During the 80s, a lack of pride for Galician identity was just finishing, but it is just now in the new millennium when the prevalence of the Galician language is becoming stronger. This is why the 1987 film of *El bosque animado* was not only produced in Spanish, but also the protagonist actors were from anywhere in Spain but Galicia, giving the characters a distinctive "Madrid" accent rather than Galician. The 2001 3D animated film was also produced in Spanish, dubbing it into Galician afterwards. The quality of both films was excellent, yet this still indicates the struggles of the Galician people to preserve our art and culture in our own language. On the other hand, it also makes the story accessible to more people across Spain and abroad thereby introducing the Galician ideas of life after death as well as the richness of our culture.

Works of literature like *El bosque animado* contribute to maintaining cultural beliefs throughout the years. Written almost 65 years ago, it is still relevant today and it accurately depicts our Galician heritage. The more we advance scientifically, the less room there appears to be for explaining the unknown as paranormal, but as long as culture is maintained, the paranormal will be part of our daily lives, maybe not because we believe or have proof, but because it is tradition and "just in case," what do we have to lose?

Notes

[1] Fendetestas: Galician nickname. Fender = to crack open; testa = head.

[2] Translation note: All passages quoted from the book *El bosque animado* were written originally in Spanish and translated into English by Carolina Ramos for the purpose of this essay.

FIZ:	I am the soul of Fiz de Cotovelo, from Cecebre, and I wander this forest in lament.
FENDETESTAS:	Do you want me to pray for you?
FIZ:	That wouldn't be bad, but I need something else. I promised when I was alive that I would go to St. Andrew of Teixido and I didn't follow through with my promise. So now I need a Christian to walk the pilgrimage for and with me bare foot with a candle as tall as I was.
FENDETESTAS:	Well... I would go but it's not good timing for me right now and I don't think they would let me get very far, being a bandit and all...

[3] FENDETESTAS: You have scared even the Civil Guards. You are my ruin, Cotovelo. Why don't you leave?

[4] FENDETESTAS: ...there you have some colleagues of yours that are heading to America. What are they going to do? Stop you from joining them?...

[5]... [Emilia] was proud that some extraordinary events had occurred in the D'Abondo family; good or bad, they constitute a chronicle of the house. And his brother's wife, although of an impeccable origin, was not a D'Abondo. She had come from Zamora, from the part where land starts to be flat, and in flat land, people are drier and lack imagination.

[6] EMILIA: ...He lived like that for almost a month. At last, one day he felt inexplicably calmer...He understood that he had left an unfortunate successor with the Santa Compaña, without knowing how or who, because those who are part of that macabre procession don't remember a thing afterwards and only keep the uneasiness of a nightmare.

[7] Pilara's story is linked to the *Santa Compaña* in the film but not in the book. The way the film has integrated so many story lines plays justice to the overall style that Fernández Flórez showcased in this work and maintains the essence of Galician traditions.

[8] For this old Celtic race, fully spiritual, the soul of one who leaves is still there, amongst them, listening with sadness in the farewell, taking note of all of the messages from those who stay.

[9] —Oh Pilara! When you meet with my deceased, tell him how I'm doing and how I'm taking care of our children....

—Explain to my father that we divided out the lands how he wanted and that we don't forget him. Please Pilara!

[10] MARICA: Some say that the life of witches is terrible. Horrible things happen to them and they hold the most horrifying secrets, shuddery events; those that you don't tell the priest in confession...
[11] MOUCHA: Someone wishes you bad. You must walk by nine windmills and pick up nine grains of sand from each, then throw them in the water of the next windmill. The path back from each windmill must be different from the path towards it, and you will not speak to anyone.
[12] MARICA: If you're going to die, Mouchiña, please let me be the witch of the village!...You have lived very well,...you have made as much money as you wanted.... When you die, why not leave it all to me?... Look, you explain to me how you do it and what I have to know, and the words that you say and the book of St. Cyprian...and everything.... You don't know what hunger is....What is it to you anyway? You will serve your soul well....Listen, if it is true that one has to meet with the Devil and talk to him, I..., I..., I am not afraid....
[13] —What is it like? What is it like?
—Well,—said the pine tree— it is a very strange species. It has a black trunk and more than one stick coming off the ground, and then it turns into a grey-white colour. It seems very elegant.
[14] All the plants in the forest talked about the new neighbour and they agreed that it must be a very important specimen.
[15] —Why would I want to hold a bird nest and be bothered by their chirps and their offspring? Do you think I am a baby-sitter?... How could I be of use to civilization and progress if I lost my time breeding birds?
[16] This book is utilized by schools all across Galicia and some other parts of Spain, accompanied by study guides and activities for children, to learn about ecology and care about preserving the forests. And although this is the main reason to include *El bosque animado* in the curriculum, all of the other elements that deal with Galician tradition and superstitions are also studied and passed on, including the Galician language.
[17] Estadea; procesión das ánimas; hoste; hueste; estadinga; estatinga; antaruxada; pantalla; visión; visita.
[18] Conxuro; meigallo; negro meigallo; meigallos mouros; mal de ollo; feitizo; embruxamento.
[19] Meiga; curandeira; feiticeira; bruxa; bruxa chuchona.
[20] *O Conxuro da queimada* [The Queimada Spell]: a ritual performed during the night of San Xoan [St. John], June 23th, which is the longest day of the year establishing the beginning of summer. This is a magical night and people use this ritual and others to get rid of bad spirits and bad luck. The Queimada is an alcoholic drink with sugar and coffee beans. As it is lit, the Queimada Spell is recited always in Galician.

Works Cited

Fernández Flórez, Wenceslao. *El bosque animado.* Madrid. Spain. Grupo Anaya, S.A., 2002.
El bosque animado. Dir. José Luis Cuerda. Madrid. Spain. Classic Films Producción, 1987.
———. Dir. Manolo Gómez y Ángel de la Cruz. Spain. Dygra Films & Megatrix Sau. 2001.

9 El mundo sobrenatural en la obra de María Zayas y Sotomayor

ADRIANA SPAHR

María Zayas y Sotomayor (1590–1650?) es reconocida en el mundo académico como la narradora española que pidió y reclamó un lugar igualitario para las mujeres en la sociedad. Para ella, las mujeres poseían la misma capacidad intelectual que los hombres y sólo la mezquindad de ellos las mantenía marginadas. Si bien el interés por la española nunca dejó de manifestarse, su abierta opinión en pos de la causa de la mujer, despertó gran interés en la crítica literaria, fundamentalmente la feminista, al promediar la década del 80 y los 90 del siglo pasado. Zayas permitía demostrar que la lucha por la igualdad de los géneros tenía larga data. Si bien su obra ha sido estudiada desde distintos puntos de vista, se coincide en recalcar el carácter "realista" presentado en las dos colecciones, *Novelas amorosas y exemplares* (1637) y *Parte segunda del Saroa y entretenimiento honesto (Desengaños Amorosos)* [1647].[1] Esta posición ha llevado a la crítica, en general, a considerar los elementos fantásticos o sobrenaturales[2] que aparecen en su obra como contradictorios (Redondo Goicoechea 17) o como reflejo de la mentalidad fantasiosa y crédula, propia de las mujeres.[3] Sin embargo, son precisamente dichos elementos sobrenaturales los que enfatizan el carácter realista de las novelas al darnos un panorama más completo del imaginario popular de su tiempo y permitiéndonos indagar más profundamente en la idiosincrasia de esa sociedad fervientemente creyente, en cuyo seno las brujas, los demonios y aún la Virgen compartían la vida cotidiana de todas las clases sociales—aún de las clases altas—de los habitantes de la España del Siglo XVII.

Antes de comenzar a analizar los elementos "sobrenaturales" que aparecen con mayor o menor relevancia en ocho cuentos que se encuentran en ambas colecciones de Zayas, vamos a tratar de definir lo que entendemos por imaginario cultural y cómo el mismo permite incluir hechos sobrenaturales dentro de una cultura sin que los mismos se perciban como extraordinarios. En el año 2005, y desde el punto de vista de la fe religiosa, es más fácil aceptar la existencia de milagros y aún del demonio, pero resulta más difícil justificar la creencia en las brujas. ¿Qué pasaría si alguien hablara de la posibilidad de que pueden volar en escobas? Evidentemente diríamos que eso es una clara señal de locura y en el mejor de los casos de carencia de una educación formal en todo aquel que asegure su existencia. La única prueba que de ellas tenemos, los que nos consideramos educados, es mirarlas, admirarlas, o detestarlas como protagonistas en historias de niños, libros y películas de fantasías. Pero no siempre ha sido de esta manera. A partir de la última parte de Siglo XV y por un período de más de doscientos años más de cuarenta mil personas—mayoritariamente mujeres—fueron quemadas, mandadas a las galeras, linchadas por sus vecinos o decapitadas por ser consideradas brujas (Scarre & Callow 1–2). Si bien podemos interpretar que el linchamiento de las brujas "por sus vecinos" pudo haberse llevado adelante por campesinos y/o vecinos iletrados, los otros castigos fueron impuestos desde las estructuras de poder del estado monárquico, en el que claramente había gente letrada. Este hecho demostraría que las brujas eran reales, tanto para las clases dominantes como para el imaginario colectivo popular.

En tiempos más recientes, Julio Caro Baroja (1914–1995), en *Las brujas y su mundo* (1961) manifiesta que en sus charlas juveniles con campesinos de la zona de Navarra pudo ver que estos creían firmemente en las facultades de algunas personas de transformarse en animales, de volar y realizar actos "hechiceriles". Tales creencias parecerían haber tenido influencia sobre su pensamiento llevándolo a cuestionar la noción de realidad como término absoluto. La realidad—explica Baroja—como sinónimo de fe o de demostración de acontecimientos que existen, tiene un sentido para el ser humano moderno que tiene acceso al conocimiento formal y otro para aquel que no las tiene. Estas diferencias y el miedo de las sociedades a dirigir sus propios destinos, hace posible que las brujas existan en algunas sociedades y en algunos momentos, y en otros no, modificando la concepción, no de las brujas sino las nociones que de ellas se tienen:

> Al cambiar su mundo circundante la bruja parece que ha de cambiar también de posición. Pero en realidad es un personaje muy igual a sí mismo, en tanto y en cuanto existe. Y es, precisamente, al estudiar los cambios de la circunstancia en que se mueve, cuando nos damos cuenta del modo impresionante como cambian también en la mentes de hombres de sociedades distintas las fronteras de la realidad o, mejor dicho, de lo que se tiene como real. (10)

La fuerza de su trabajo se centra entonces no en las brujas sino en las sociedades que las albergan, ya que las brujas no cambian, lo que cambia es la forma en que la sociedad las ve, es decir, lo que cambia es la mentalidad de aquellos que se creen víctimas de ellas. Caro Baroja, propone que miremos detenidamente a la sociedad, que no la miremos del lado de la bruja sino del lado del que "cree en brujas" para llegar a entender la idea de "lo real" (10–1). Esto es lo que forma el imaginario colectivo, en este caso de la Europa y, dentro de ella, de la España del siglo XVII.

Para la mayoría de la gente educada de esa época, las brujas no sólo existían sino que se multiplicaban, lo que no dejaba de representar un serio problema para las monarquías gobernantes, por lo menos así lo estipulan grandes personajes de la época, entre ellos el rey Juan VI de Escocia quien con gran preocupación manifestaba que nunca se habían visto tantas brujas en su reino. Este rey ya había denunciado entre 1589–90 que una conspiración de brujas lo había querido matar.[4] En el año 1590 Henri Boguet, el jefe de justicia de Saint-Claude se espantaba porque las brujas deambulaban de a miles por todas partes. Tiempo antes, ya el formidable intelectual Jean Bodin había manifestado que la situación de las brujas se hacía intolerable y pedía castigos ejemplares para ellas. En la misma línea de pensamiento en 1613, en España, Pierre de Lancre, responsable de mandar a la hoguera a ochenta personas en la frontera franco-española, anunciaba la infiltración y avance incontenible de las brujas dentro del territorio vasco (Scarre & Callow 5). Lancre no sólo fue un convencido del fenómeno brujeril sino que escribió tres libros sobre el tema (Corona Tejada 43).[5] Tampoco son despreciables los comentarios de la iglesia católica dirigidos a los reformadores durante el siglo XVI. Los sucesores de San Pedro acusaban de herejes a Lutero y Calvino y de ayudar al demonio con su actitud divisionista. Por su parte, Juan Calvino planteaba que la conducta de los jerarcas católicos llevaba a la humanidad al pecado de la idolatría y a creer en la brujería. Mientras que Martín Lutero sostenía que las prácticas dentro de los seguidores del papado eran simples actos de brujerías (Scarre & Callow 47). De esta información podemos deducir que el mal se encontraba por todas partes, incluidos los estratos más altos del saber y del poder. Este ambiente rodea el nacimiento de María Zayas hacia finales del siglo XVI y coincide con uno de los picos más altos de persecución de las brujas—los otros dos fueron durante el año 1630 y 1660—, lo que convierte a la autora en testigo viviente de por lo menos las dos primeras persecuciones.

Según los estudiosos la intensificación de la "cacería de brujas" obedeció a la necesidad de buscar una explicación a hechos desafortunados, tales como, desastres naturales, guerras, crisis económicas, pérdida de poder y radicalización conservadora de sectores religiosos y económicos que necesitaban recuperar espacios perdidos (Scarre & Callow 38–57). Estas circunstancias se hacen palpables también en la España de Zayas. Primero bajo el reinado de Felipe III (1598–1621), un período sin guerras, con un gran énfasis en la ortodoxia religiosa, que sin embargo no mitigó las penurias sociales y económicas; y segundo, bajo el reinado de Felipe IV (1621–1665) periodo durante el cual las anteriores circunstancias recrudecieron. Las causas de tal recrudecimiento fueron, entre otras, la escasez de oro llegado de América entre 1619 y 1621, la devaluación monetaria agravada por la excesiva acuñación del vellón, la primera bancarrota del reinado, en 1627 (la segunda fue en 1647), la iniciación de guerras e intervenciones para mantener el dominio europeo, el descontento tanto de las Cortes como de la nobleza por tener que pagar impuestos para solventar esas guerras y la necesidad de sofocar levantamientos y revueltas dentro y fuera de España. Estos datos son indicativos para entender el porqué, a mayores males, más propensa la sociedad para adjudicar tales males al prójimo, al otro, a la hechicería si es que se creía en ella. Y en la España del Siglo XVII creían tanto el rey como el último súbdito, que la magia, lo sobrenatural, era parte de su existencia, si bien de una manera diferente para los distintos componentes sociales. Así, los campesinos se preocupaban de ello en relación a su subsistencia; los artistas por la maleficios que podían hacer las brujas y la clase educada por la relación de ellas con el demonio (Scarre & Callow 54). Con este marco de referencias nos adentraremos ahora al analísis de los elementos sobrenaturales que aparecen en torno al tema del amor en los trabajos de Zayas: las brujas, el diablo y la Virgen, tres figuras enraizadas en la fe católica/cristiana, a los efectos de observar cómo la recurrencia a ellos se corresponde al pensamiento de la época.

Es importante aquí hacer algunas aclaraciones en torno al material presentado por Zayas: la autora presenta, como dijimos, dos colecciones de historias, la primera: *Novelas amorosas y exemplares* (que indicaremos con el número I) y la segunda *Parte segunda del Saroa y entretenimiento honesto (Desengaños Amorosos)* (que indicaremos con el número II). Cada colección presenta diez historias contadas por miembros de familias aristocráticas participantes de dos diferentes saraos. En la primera colección, las mujeres alternan con los hombres para contar las historias o "*maravillas*", mientras que en la segunda, llamadas "*desengaños*", los hombres están excluídos de la narración. En esta segunda parte se especifica que las historias tienen que ser verídicas,[6] con lo que las diferentes voces narrativas avalarían la veracidad de lo que se cuenta. En el caso de los elementos sobrenaturales presentados, ratificarían su presencia como parte integral de su realidad.

La primera *novela*—en términos cervantinos—o *maravilla* en la que aparece la imagen de la bruja es "El desengaño andando y premio a la virtud" (I). Aquí encontramos a una bruja que responde al estereotipo general de mujer vieja, embustera, experta en asuntos de amores y llena de recursos para conseguir fines amorosos. Se trata de Lucrecia, una mujer de 48 años que utiliza "mil invenciones y embelecos, que causaban temor y admiración, con que...aparecía a los ojos de don Fernando gallarda y hermosa" (287). Para mantener a su lado a don Fernando, ella tiene un gallo con los ojos vendados y atado con grillos, escondido en un armario (284). De esta manera, don Fernando tiene sólo ojos para ella. Es tanto el poder de este embrujo que don Fernando no puede reconocer a su esposa Clara, quien tratando de dar explicación a la actitud de su marido, entra a trabajar por más de un año en la casa que Lucrecia comparte con él. Sólo la puede reconocer cuando Clara le saca la venda de los ojos al gallo (285). Si bien don Fernando siente que un poder extraño lo conduce siempre a Lucrecia (261), no llega nunca a notar lo que le pasa, recuperando la conciencia de sí sólo cuando se le quita la venda al animal.

Un tipo de magia semejante se utiliza en uno de los *desengaños*: "La inocencia castigada" (II). Siguiendo con los estereotipos, este hechicero y nigromante es moro. Según la voz narrativa, por no ser católico, pude hacer mejores pactos con el demonio y por lo tanto obtener mejores resultados (276).[7] A él se dirige don Diego con su problema amoroso, ya que se ve rechazado por doña Inés, una dama casada y virtuosa. El moro construye una imagen de cera de la mujer, con un alfiler en el pecho y un cirio sobre la cabeza. Don Diego consigue que la dama vaya a su casa sólo prendiendo la vela, cuando ella está durmiendo en su propia casa. La vela, se apaga cuando doña Inés regresa a su cama (277). Así como don Fernando no tiene clara conciencia de lo que le pasa durante el tiempo que Lucrecia le cubre los ojos al gallo, doña Inés actúa como una autómata cuando está con don Diego. De lo ocurrido en sus noches con su amante, sólo lo recuerda como en un sueño. Lo cual no deja de angustiarla, pues no entiende cómo puede tener fantasías sexuales con una persona a quien no quiere, ni le atrae (279). Finalmente, la dama recupera los sentidos cuando se descubre el hechizo. El suceso adquiere características públicas. Doña Inés recupera su libertad al comprobarse que es sólo una víctima, y se prepara para rehacer su vida. Sin embargo, si bien la justicia determina su inocencia, su familia no le cree y como castigo la emparedan en una casa de campo por seis años.

Por otra parte, si bien el caso de Don Fernando también adquiere características públicas, él no tiene la misma suerte que doña Inés ya que toma total conciencia de sí mismo para morir días después a consecuencia del último maleficio de Lucrecia: cuando se descubre el hechizo producido con la ayuda del gallo, Lucrecia para evitar que don Fernando vuelva con su esposa, toma una figurilla de cera con la imagen de un hombre. Esta imagen, al igual que la usada con doña Inés, representa a la persona deseada. Lucrecia le clava una aguja en la cabeza y la tira al fuego. Acto seguido, se clava un cuchillo.[8] Don Fernando se enferma inmediatamente, empieza a consumirse, y muere cuando todos los efectos personales de Lucrecia son quemados públicamente (285, 287). Los elementos usados por Lucrecia y el hechicero moro para producir encantamientos en materia de amor son los mismos que, según la creencia general de la época, un brujo puede usar para lograr sus fines: animales como un gallo, imágenes de cera a las que se les coloca agujas en alguna parte del cuerpo, ya sea para atraer al ser amado como en el caso de doña Inés o para destruirlo como ocurre con don Fernando. Otras veces se utilizan hierbas, piedras, cabellos, pedazos de uña o alguna prenda personal de la persona deseada. Para hechizos más potentes se recomienda el uso de cabellos, o uñas de personas muertas. Esto ocurre en "La fuerza del amor"(I) cuando una hechicera le pide a Laura que le traiga no sólo cabellos y barbas de un ahorcado sino también sus dientes para hacer que su marido vuelva a amarla (239).

De lo anterior se desprende que en cuestiones de amor era—y tampoco es de extrañar su uso hoy en día—el uso de una experta o "Celestina" que en materias sentimentales pudiera manipular elementos con la ayuda de partes humanas, animales y también de las piedras, cuyo poder ha sido discutido desde tiempos milenarios. El poder de las piedras se discute en la *maravilla* antes mencionada en "El desengaño andando…"(I). Por otra parte, como vimos en el caso del moro en "La inocencia castigada" (II), los actos brujeriles lo llevan a cabo los hombres, quienes en la realidad extra-textual aunque eran minorías en relación a las mujeres, también sufrían las mismas persecuciones que las mujeres. Entonces, en "El desengaño andando…" (I) doña Juana, ex-novia de Fernando antes de que éste conociera a su esposa Clara, recurre a un brujo o "estudiante" (261, 263)—llamado así por la narración—para reconquistar a don Fernando. Este estudiante de artes le da a doña Juana dos sortijas de piedras verdes, las cuales tendrían el poder de adivinar el futuro y por lo tanto saber si don Fernando se casaría con ella. El infalible poder de las sortijas—que esconde a unos diablos dentro de ellas—pronto le hacen saber que Juana no tiene futuro con don Fernando a no ser el de "ard[er] en los infiernos" (263). O sea, de perder su salvación eterna.

Como católica, la idea de perder el alma la paraliza por un momento. Pero, una vez más, se equivoca al buscar una solución a su problema. Juana considera que la vuelta de un enamorado la salvaría de su destino atroz con Fernando. Así es, que le pide al estudiante que con "conjuros y enredos" (266) haga retornar a Otavio, a quién ella rechaza tiempo antes. El aparente poder del sortilegio le trae el fantasma de Otavio para prevenirla una vez más:

> ….Cánsate ya de la vida en que estás, teme a Dios…y advierte *que aunque el demonio es padre de mentiras y engaños, tal vez permite Dios que diga alguna verdad en provecho y utilidad de los hombres*, para que le avisen de su perdición como ha hecho contigo. Teme, que te dixo [el estudiante] que estás en los infiernos, dale gracias porque te avisa enternecido de tu perdición….Y déxame a mi…que

aguard[o]...la misericordia de Dios.... Y *no pienses que he venido a decirte esto por la fuerza de tus conjuros, sino por particular providencia y voluntad de Dios.* [enfásis mio] (266–7)

Las palabras de Otavio sobre el poder del demonio reflejan una larga discusión teológica que se extendió por siglos. ¿Tiene el demonio un poder independiente al del Creador? O por el contrario, ¿su poder es limitado? En el pasaje anterior notamos que en boca de Otavio se expresa claramente que nada escapa al poder Divino. Recalca que él mismo siendo un fantasma viene a prevenirla por expresa voluntad de Dios y le pide que escuche lo que el estudiante—relacionado con el demonio—le dice, pues a veces Dios utiliza al demonio para llamar a las ovejas descarriadas a que vuelvan al rebaño. Esta dependencia de Satán a las órdenes de Dios, no solamente está indicada el "Libro de Job" (1.11;2.6) sino en el pensamiento de destacados pensadores, tales como Ulrich Molitor (Caro Baroja 149).

Molitor desmitifica el poder adjudicado al demonio, pero no deja por ello de manifestar su relación con las brujas. Explica, que si bien el demonio no puede hacer nada sin que Dios lo permita, puede ver señales de cosas que van a pasar y estas cosas se las notifica a las brujas.[9] Esta dupla, ocasiona un desvío en la persona para que no se concentre la salvación del alma, que es de todas las cosas lo más importante en este mundo. Dentro de la fe católica, y como dice Otavio, doña Juana tiene que agradecer a Cristo que le mande a avisar que está perdiendo la posibilidad de salvarse. Doña Juana, a partir de esta experiencia decide entrar a un convento (268) para evitar su perdición, mientras que el estudiante desaparece. No es de esperar otra cosa ya que su situación, a los ojos de la Inquisición, es mucho más difícil que la de Lucrecia. Por un lado la voz narrativa de este cuento, haciendo eco de la opinión general, acusa a Lucrecia de "demonio" (261) y cuando muere, explica que su alma "pagaba ya en los infiernos" (287) cosa que es probable desde el punto de vista de un creyente, por las malas acciones que ha cometido. Sin embargo, a vista del lector, sólo es culpable de mantener con engaños y sortilegios a don Fernando a su lado.

El estudiante, en cambio, y también el hechicero moro, caen en la herejía porque en opinión de la clase educada y dominante, relacionarse con el diablo es un delito sancionado por la Inquisición (Scarre & Callow 6–7).[10] La herejía significa renegar del bautismo, de la fe católica, en definitiva del alma y la salvación eterna, a cambio de algún poder terrenal. Este punto se trata en la última *maravilla* "El jardín engañoso" (I). En esta, Don Jorge perteneciente a una familia prestigiosa y rica de Zaragoza, se ausenta de la ciudad por cuatro años por matar a su hermano, a quien acusa de robarle el amor de Constancia. Pasado este tiempo, regresa a su ciudad donde se encuentra con que Constancia se ha casado con don Carlos. A pesar del casamiento, don Jorge solicita el amor de la dama. Ella a fin de evitar los continuos acechos del enamorado, le propone que si él para al día siguiente le hace un jardín semejante a los que Semíramis hizo en los muros de Babilonia, ella deja a su esposo por él. Si no lo consigue, él tiene que casarse con su hermana Teodosia, quien siempre lo ha amado.

Ante semejante propuesta, don Jorge acepta la ayuda del diablo y a cambio firma una cédula en la que se compromete a entregarle su alma cuando muera. Al día siguiente, el más hermoso jardín se encuentra frente a la ventanas del cuarto de Constancia. Al ver su honor perdido le pide a su esposo que la mate. Pero el esposo se quiere matar para que Constancia pueda cumplir su palabra y finalmente don Jorge se arrepiente, libra a Constancia de su palabra y le ofrece su vida como precio de su locura. Ante tanto despliegue de honor y de bondad, el diablo hace su entrada a escena con la cédula firmada en sus manos diciendo:

> No me habéis de vencer…pues donde hay un marido…queriendo perder la vida…dando licencia a su mujer para que cumpla lo que prometió; y un loco amante, obligado desto, suelta la palabra, que le cuesta no menos que el alma, como en esta cédula se ve que me hace donación della, no he de hacer menos yo que ellos. Y así para que el mundo se admire de que en mí pudo haber virtud, toma don Jorge: ves ahí tu cédula; yo te suelto la obligación, que no quiero alma de quien tan bien se sabe vencer. (420)

Acto seguido el diablo tras arrojar la cédula desaparece en medio de un gran estruendo, dejando detrás un humo fétido. Inmediatamente don Jorge le agradece a Dios por haberlo librado de las garras del demonio "creyendo, que por secretas causas, sólo su Majestad Divina reservadas, había sucedido aquel caso" (421). Al igual que los teólogos del momento y Otavio en "el desengaño andando… (I), don Jorge cree que nada escapa al dominio de Dios y que muchas veces usa al diablo para que los seres humanos se arrepientan y retornen al camino de la salvación.

La otra figura sobrenatural que aparece para ayudar a los católicos a encontrar o mantener el camino de la salvación es la Virgen María. La Virgen asume aquí características similares a las de los cultos marianos de la época medieval. En esa época, la iglesia necesita anécdotas piadosas para elaborar sus sermones y atraer a los feligreses. Como consecuencia, aparecen en lengua vulgar por toda Europa colecciones de milagros, entre los que se encuentran los de la Virgen. Así surgen entre otros, los *Milagros de Nuestra Señora* de Gautier de Coincy (1177–1235), la obra con el mismo título de Gonzalo de Berceo (1246–1252), y *las Cantigas de Santa María* de Alfonso X el Sabio (1221–1284) (Bertrán xxiv–xxv). Al igual que en estas colecciones, en las *novelas* de Zayas, la Virgen aparece para ayudar a aquellos que le son fieles y devotos, pero siempre como intermediaria entre el ser humano y Dios. Así lo vemos en uno de los *desengaños*, "El verdugo de su esposa" (II). En este, Don Juan, comienza a cortejar a la esposa de su amigo. Al enterarse, el marido, junto a su esposa, deciden castigar la osadía de don Juan. La esposa Rosaleta pretende aceptar la preposición del enamorado. La noche en que va a verla, escucha en el camino las campanas que anuncian el Ave María—momento de rezar a la Virgen. Su devoción puede más que sus andanzas, y baja de su caballo a pedirle a la Virgen que "no mirando la ofensa que iba a hacerle, le librase de peligro y le alcanzase perdón de su precioso hijo" (213) con lo cual continúa su camino. Pasa delante de tres ahorcados cuando uno de ellos lo llama. Como buen cristiano, don Juan le pregunta qué puede hacer por él y si quiere que le haga algunas misas por sus almas. Éste le responde que no, pero que quiere que lo baje de la horca. Un poco confuso por la situación don Juan le pregunta al ahorcado cómo es que él está vivo si su linchamiento ha sido por la mañana. Este le responde con otra pregunta: "¿Hay para Dios imposible...?" (214). Siguen el camino juntos, llegan finalmente a la quinta de Rosaleta. Cuando don Juan se apresta a dirigirse a la entrada de la casa, el ahorcado le dice que sabe la razón por la que él está allí y que viene a ocupar su lugar. De esta manera, don Juan ve su propia muerte en el cuerpo del ahorcado en la emboscada que Rosaleta y su marido le han preparado. Luego, y a pesar de que el ahorcado ha sido tirado en un pozo, y cubierto de piedras, se le aparece ensangrentado a don Juan para decirle que está allí porque la Virgen intercedió por él:

> Y mira lo que los cristianos pecadores debemos a la Virgen María, Madre de Dios y Señora nuestra, que con venir, como venías a ofender a su precioso Hijo y a Ella, se obligó de aquella Avemaría que le rezaste, cuando...tocaron a la oración, y de una misa que todos los sábados le haces en tu capilla...y le pidió a su precioso Hijo te librase de este peligro....y su Divina Majestad, por su voluntad....para que tú y los que lo supieren [el milagro] sean con más veras devotos de su Madre....Quédate con Dios, y mira lo que haces, y que tienes alma, y que esta noche has estado cerca de perderla. (217)

Como en los *Milagros* de Berceo, la Virgen le pide a su hijo que ayude a este pecador que nunca se olvidó de ella. La materialización del pedido de la Madre a su Hijo se da a través de un milagro. Según Tomás de Aquino en *Preguntas acerca del poder de Dios*, un milagro es algo contrario a las leyes de la naturaleza, sublime, difícil de comprender y producido por el poder de Dios (citado por Maxwell-Stuart 14). En este caso, la divina providencia, que como vimos anteriormente ha usado al demonio, ahora usa a un muerto. Este acto "sobrenatural", catalogado como milagro por ser producido por Dios, es incuestionable y por lo tanto aceptado, aún si esto ocurriera hoy en día, como realidad por la comunidad católica.

Si bien no de manera tan explícita como en la anterior, la Virgen se expresa también en la *maravilla* mencionada "La fuerza del amor" (I). En esta historia, Laura para recuperar a su marido tiene que proveerle a una bruja de la barba, dientes y uña de un ahorcado. Para recolectar estos elementos la joven esposa va a un "humilladero"—lugar macabro donde se dejan secar los cadáveres—. Cuando Laura pasa delante de una imagen de la Virgen, Carlos, su hermano se despierta sobresaltado, gritando que su hermana está en algún peligro (242–44) y parte apresuradamente con el rumbo que le determina su caballo, el que se detiene en el lugar que se encuentra Laura.

Otro hecho "sublime, difícil de comprender" sino es por el lado de la fe religiosa depositada en la Virgen, ocurre en el "Traidor contra su sangre" (II). En este *desengaño* Mencia es asesinada por su hermano ya que piensa casarse con don Enrique, un hombre que si bien tiene dinero, no proviene de una familia aristocrática (373). Cuando Enrique llega a la casa de su amada milagrosamente puede ver su cuerpo que, bañado en sangre, le avisa que su vida está en peligro y que nunca abandone el camino de Dios (383). Protegido por la Virgen, se recupera de veintidós puñaladas dadas por el hermano de su amada y sus amigos. Posteriormente, se interna en un convento de Franciscanos, cumpliendo la promesa dada a la Virgen (385). Como buen cristiano dedica parte de su hacienda a hacer una capilla para colocar el cuerpo de Mencia. Otra vez el milagro aparece: en el cuerpo de Mencia, a pesar de que pasa un año de fallecida, "[seguían] las heridas corriendo sangre como el mismo día que la mataron y ella tan hermosa que parecía no haber tenido jurisdicción la muerte en su hermosura" (385). Este milagro es similar al que se cuenta en "El clérigo y la flor", milagro III de Berceo, donde el cuerpo del clérigo no sólo se conserva como el de Mencia sino que huele a flor. Desde el punto de vista religioso, estos hechos catalogados como sobrenaturales no necesitan explicación dentro de la comunidad católica para considerarse "reales"; no los necesitaba en la época medieval y tampoco los necesitaría hoy en día en caso de que ocurriera.

Por otra parte, en la obra de Zayas se presentan variaciones, no todos los casos terminan en la muerte y la salvación eterna de la protagonista. A veces el milagro ocurre para remediar un error, como en la *maravilla* "El imposible vencido" (I). Aquí, doña Leonor, resucita por los rezos y prédicas dirigidas a Cristo por don Rodrigo, quien como don Juan, en ningún momento de su vida pierde la devoción. En esta historia, como en las anteriores, la recompensa celestial, el casamiento, llega por ser buenos cristianos y mantener una conducta impecable en la vida, la que implica a nivel textual y extratextual, ser agradecido y mostrar ese agradecimiento en lo económico también. Y así don Juan hace "una promesa de gran valor"

(359) si su amada vuelve a la vida. Por lo que regala a la iglesia lámparas de plata y ornamentos de brocado para el Santo Cristo (360). Esta relación económica entre el milagro y el agradecimiento explica las críticas a la institución religiosa, existente asimismo hoy en día, que promociona el lujo—y no la penitencia, la devoción y el rezo—y que conducen ya en el siglo XVI a la formación de nuevas congregaciones—entre ellas Las carmelitas descalzas de Santa Teresa de Jesús—que llaman a practicar la humildad y dejar de lado lo superfluo dentro de la iglesia. Dentro del texto, el "poderoso don dinero" como lo llamaría Francisco de Quevedo, permite que doña Leonor, anteriormente desposada, logre casarse con don Rodrigo. Su caso, como lo estipula la voz narrativa, es discutido por teólogos y letrados, que determinan que no era fácil descubrir los "caminos que tiene Dios para efectuar su voluntad y descubrir sus secretos" (363) y por lo tanto se inclinan a entender que la resurrección milagrosa de doña Leonor ha sido para que se remedie una error previo, y finalmente contraiga matrimonio con su primer amor.

El amor, las intrigas para conseguirlo, la recuperación de aquél que se ha perdido, el fracaso o frustración ante una pareja y, fundamentalmente el amor carnal que lleva a perder el camino de la salvación, es un tema constante en las *novelas* de Zayas, como lo es también—con el aditamento de lo sobrenatural—en las que hemos estudiado, donde Dios a través de algún enviado ayuda al necesitado. Lo mismo ocurre en la última *maravilla* que pasaremos a discutir, "La perseguida triunfante" (I), donde la Virgen María, a diferencia de "El Verdugo de su esposa" (II) y "La fuerza del amor" (I), interviene personalmente para salvar a su protegida Beatriz, hija del rey de Inglaterra y reina de Hungría.

Si la mayoría de las heroínas de Zayas son recatadas, fieles, pendientes del honor propio y de sus maridos, pero al mismo tiempo hostigadas sexualmente por los hombres, doña Beatriz no escapa a esta caracterización a pesar de su rango social. Durante la ausencia de su marido es acosada por su cuñado, el príncipe Federico. Para terminar con esta situación, lo encierra en una jaula de hierro, donde permanece por más de un año hasta que el rey regresa (425). Cuando el rey Ladislao está entrando a la ciudad, Beatriz libera a su cuñado, que inmediatamente va al encuentro de su hermano y le cuenta que la reina lo encierra porque él no quiere acceder a sus insinuaciones sexuales. El rey, apenas ve a la reina, manda que le saquen los ojos y que la dejen morir en el medio de un bosque. Una vez que la orden se cumple, la reina queda abandonada. Como dama devota, ruega a Dios y a la Virgen para que tengan piedad de su alma y se apresta a morir. Al cabo de media hora aparece la Virgen en persona, muy hermosa y joven. Con una extrema sencillez se acerca a Beatriz, la consuela y le confirma que nada escapa a la voluntad Divina, ni aún su martirio pasado ni los que van a venir. Le devuelve la visión (431–2) y como una buena samaritana y le ofrece a la reina de comer. Luego, comienzan una larga caminata que finaliza en un *locous amoenus,* un hermoso prado, cercado de árboles y con una fuente cristalina en el medio. Allí la Virgen se despide diciendo:

> Sigue con tu virtud con ánimo y paciencia, que es lo que más agrada Dios....Quédate con Dios, a quien ruego y rogaré que te ayude y socorra en ellos. Y confía en Él, que con esto le hallarás en los mayores aprietos. (432)

La Virgen desaparece en la espesura del bosque, y tal lo anticipado una nueva aventura le espera a la reina. En total tres veces más la Virgen ayuda a Beatriz: cuando se la acusa injustamente de espía (442–4), de matar al hijo del emperador—el que posteriormente resucita (452–5)—y cuando el príncipe intenta violarla (445). En todos los casos el milagro aparece como algo natural, que crea la admiración de todos los que lo presencian. En ningún momento se duda, como en todas las cuestiones de fe. Por otro lado, como lectores, que conocemos más que los protagonistas y personajes de las historias, no podemos menos que disfrutar del sentido del humor de la Virgen, cuando reemplaza a Beatriz de los brazos del príncipe con un león (445).

Por otra parte, si la Virgen ayuda a Beatriz, al príncipe lo secunda el demonio, presentado por la voz narrativa como "un doctor" (455), "que profesaba ciencias" (436). Es él quien ayuda a Federico para complotar contra Beatriz para que se la acuse de traidora o asesina. Las características del demonio, como es de esperar, son la antítesis de la Virgen. A la juventud y belleza de ella se le opone un hombre de rostro horrible, de unos cuarenta años, que se presenta no en el bosque sino entre las peñas y que vive en los dantescos montes Rifeos, el séptimo círculo, el de los excesos sexuales (Canto xxvi, verso 43).[11] Lugar propicio para recoger almas, ya que, como venimos analizando, el apetito sexual lleva al alma a su perdición. Al igual que la Virgen, el diablo sabe lo que pasa en el mundo, puede ver el futuro y además puede conocer los pensamientos más profundos de la persona (437–8). Por lo tanto, sabe dónde está Beatriz y sabe que está protegida por "una secreta ciencia, reservada al Cielo" que no puede precisar (437). En este caso, al pobre demonio se le presenta el mismo problema que a los miembros de la clase alta, teólogos e inquisidores del momento: averiguar quién es la "deidad" o "la grandísima hechicera" (449) que defiende a Beatriz, y si ésta es enviada por Dios o por otro demonio (456). En este caso, Dios no hace excepciones entre el diablo y los seres humanos, a ninguno expresa claramente sus designios, lo que ocasiona un triste lamento de nuestro desorientado "doctor de ciencias", el cual manifiesta que : "hasta a los demonios los [planes] oculta Dios" (449).

Pero en las cosas terrestres, el diablo tiene poder y le promete a Federico que va a ayudarlo a ser rey; primero tiene, entre otras cosas, que matar a la reina para que no se descubra su mentira y no hablar con nadie de lo que ha hecho y de lo que harán (437). Hecho el trato, el diablo le da un anillo al príncipe, con un poder no tan limitado como el que recibe Juana en "La fuerza del amor" (I). Con él logra que, aunque mienta, nadie lo perciba y cambie de apariencia ante los ojos de los demás (440). El cambio de apariencia también lo utiliza el ahorcado en "El verdugo de su esposa" (II) para que sus asesinos lo vean como don Juan, pero sin utilizar un anillo ya que éste es un enviado celestial. Y como es sabido, la utilización de un elemento extra para lograr objetivos sobrenaturales sólo los necesitan los brujos o sus aprendices.

Para la sociedad del siglo XVI el príncipe Federico es un claro ejemplo de brujo.[12] Hace un pacto con el diablo y a través de él consigue poderes con el fin de lastimar a otros y, si bien aquí no hay especificaciones como en el caso de don Carlos en "El jardín engañoso" (I) que dará su alma al diablo, de todas maneras irá al "infierno" al no poder confesar sus pecados antes de morir, como veremos enseguida. Por el otro lado parecería volar, otro elemento que caracteriza a las brujas "[Federico] partió con el doctor y dos criados que con las artes del doctor fue muy breve el camino" (440) (Maxwell-Stuart 10). En este caso según la opinión general las brujas vuelan al Sabbat[13] para encontrarse con el diablo. Pero Federico no vuela al Sabbat para encontrarse al demonio, ya que comparte con él todos los momentos de su vida, aún el vuelo.

La lucha entre la Virgen y el demonio termina al entablarse la última batalla entre sus protegidos terrenales: Beatriz y Federico. Para ello Beatriz recibe de la Virgen la siguiente misión: restaurar la amistad entre los reinos de Hungría e Inglaterra, (enemistados al enterarse el rey de Inglaterra la condena dada a su hija Beatriz) y curar a los enfermos de una plaga, para lo cual le da unas hierbas y le dice que tiene que darle al enfermo una gota del jugo de ellas, previa confesión ante Beatriz u otra persona que ella designara (461). Con el revolucionario poder de confesar y curar Beatriz recorre el reino y gana la fama de "médico milagroso" (461). Un día la llaman a palacio pues el príncipe está enfermo. Aún sin ser reconocida, le dice a Federico las condiciones de la cura:

> Con esto, sentándose el rey, y Beatriz, y el doctor, Federico se confesó de todos sus pecados, excepto de las traiciones tocantes a la reina....
>
> —¿No tienes más que decir?—No—dijo Federico.
>
> —¿No?—replicó Beatriz—Pues mira lo que haces, que hasta darte el licor, yo

> te lo daré, que en esta vasija le tengo. Mas advierte que si dejas alguna cosa, por mínima que sea, en el punto que le bebas, no sólo perderás la vida, más también el alma. (463)

Ante lo escuchado, el príncipe confiesa a su hermano lo que ha hecho. El diablo con enojo pero con familiaridad se dirige a la Virgen: "—¡Venciste, María, venciste! Ya conozco la sombra que amparaba a Beatriz" (465). E inmediatamente desaparece, como el demonio de "El jardín engañoso" (I), dejando tras de sí un espeso humo. Restaurada la paz y la armonía, Beatriz, al igual que muchas de las heroínas de Zayas maltratadas por su marido, se hace monja, y el rey si bien no se retira a un monasterio como Felipe II, se hace cura. Por otra parte, y tal como pide la Virgen, preocupada por cuestiones políticas, las tensiones entre los reinos desaparecen con el casamiento de la hermana de Beatriz y Federico, rey de Hungría, quien en su figura demuestra el infinito amor divino, la posibilidad de salvación y el uso que Dios hace del diablo para que el ser humano vea su propia destrucción y se arrepienta, tal como lo ha hecho Federico.

Las brujas existían, pululaban por todas partes y como aliadas del demonio ayudaban a corromper al ser humano y evitaban su salvación. Esta creencia estaba incrustrada en las clases altas e intelectuales, lo que provocó terribles persecusiones en toda Europa. En el caso de Zayas, la persecución ocurre en Italia, Alemania, Hungría y España, lugares que sirven de escenario a las obras que hemos visto en el presente estudio. Estas persecuciones, como mantienen Geoffrey Scarre y John Callow, no se realizaban sólo para mantener el poder, sino porque tanto la Iglesia como los sectores de poder creían que debían defender al mundo del ataque del gran enemigo de Dios y de la humanidad (55). Lamentablemente la percepción del mundo no cambió con la publicación del segundo libro de Zayas. Las persecuciones continuaron hasta el siglo XVIII y en algunos momento recrudecieron. Las monarquías gobernantes seguían siendo atacadas, como vimos en el caso ficcional de Federico, o real como el de Juan VI. España no fue la excepción. El ataque se dirigió directamente a Carlos II, sucesor de Felipe IV. Y tan fuerte fue que al rey le valió el seudónimo de "el hechizado". Durante su reinado, la preocupación de la corte fue quitarle el hechizo, causante de su impotencia e ineptitud. Su preocupación era genuina e indicativa de un hechizo mayor como expresa Francisco Núnez Roldán: el hechizo de un país (55). Y esto fue posible porque la creencia en lo sobrenatural estaba enraizada en su fe, sus valores y sus costumbres Y es esto lo que se presenta con crudo realismo en los cuentos de Zayas: una realidad sobrenatural, pero no por eso menos verosímil para los habitantes del Siglo XVI y XVII. Para esos habitantes, las brujas, el demonio y la Virgen eran personajes tan reales como sus propios vecinos. Y dentro de esta realidad, de hechizos, pactos con el diablo y brujerías los interesados en la obra de Zayas, siguen buscando datos concretos que lleven a conocer algo de su vida. O acaso lo que debieran preguntarse es que si no habrá sido ella una enviada de Dios, o una aliada del demonio, que vino a hechizarlos con su obra para luego desaparecer en medio de la espesura de un bello bosque o detrás de un intenso humo negro.

Notas

[1] Los pocos datos que se conocen de María Zayas y Sotomayor, una de las figuras más reconocidas durante el siglo XVII en España, son extraídos de su obra. Se la considera perteneciente a la clase alta española, con una activa participación en la vida literaria de Madrid entre los años 1621 y 1647. Esta activa participación le valió el reconocimientos de figuras importantes de su época, entre ellos, Lope de Vega, Alonso de Castillo Solórzano y Juan Pérez de Montalbán (González de Amezúa y Mayo vii–x). Su obra se reduce a las dos colecciones antes mencionadas y a una "comedia" titulada *Traición a la amistad.*

[2] Uno de los pocos artículos dedicado exclusivamente a los elementos sobrenaturales en la obra de Zayas es "Verisimilitude, Magic and the Supernatural, in the Novelas de María de Zayas y Sotomayor" de Kenneth A. Stackhouse, publicado en el número 62 de *Hispanofilia* en enero de 1978.

[3] Gónzalez de Amezúa y Mayo manifiesta que de todos los novelistas de la época, María de Zayas es una de las que más recursos sobrenaturales utiliza porque "de la común credulidad de entonces se juntaba su condición femenina. La mujer fue siempre más crédula que el hombre y admitía con mayor facilidad que éste lo esotérico y misterioso, singularmente en la esfera del amor" (xxii). Es interesante notar que esta caracterización de la mujer del prestigioso crítico, coincide con la de teólogos e intelectuales fundamentalmente de siglos anteriores. Para ellos la mujer era un ser imperfecto, inferior y, por lo tanto, más propenso a los excesos sexuales. Por lo tanto fácil de ser engañadas por Satanás (Maxwell-Stuart 30–31, Scarre & Callow 59). Martín Lutero, proponía para controlar la insaciabilidad sexual femenina, casarla, que tuviera hijos y de esta manera convertirla en una madre y esposa sumisa. Según Maxwell-Stuart, Lutero dejaría así planteada las dos opciones de la mujer: esposa o bruja (44).

[4] La conspiración consistía de cuatro partes: a) naufragar su barco cuando volvía de Dinamarca; b) poner una poción mágica en alguna puerta del palacio para que se contamine cuando pase; c) conseguir un pedazo de lienzo de una de sus camisas o pañuelo y usarlo para provocar un maleficio y d) hacer una imagen de cera, ponerla cerca del fuego para que a través de la magia se consuma la imagen y también el rey (Maxwell-Stuart 48).

[5] El libro más conocido de él, de 600 páginas se llama *Descripción de la inconstancia de los ángeles malvados y demonios* y contiene relatos sobre los procesos inquisitoriales en España y Navarra. Pero muchos más libros de este tipo circulaban por Europa, entre ellos el *Compendio de brujas* del fraile italiano Francisco María Guazzo de 1608 (Coranas Tejada 38–9). Pero el libro más famoso del siglo XVI y XVII fue *Malleus maleficarum* de Enrique Institor y Jacobo Sprenge, el que naciera como consecuencia de las persecuciones de las brujas en Suiza y

Alemania en el siglo XV. El libro es un compendio consagrado a los delitos de la brujería. Se imprimió por primera vez en 1486 y se reimprimió muchas veces, hasta finales del siglo XVI. La primera parte (dividida en diecisiete capítulos) habla de la necesidad de creer en las acciones maléficas ("en femenino" acota Caro Baroja) y su colaboración con el diablo. Otros de los puntos planteados son la creencia de que los demonios pueden contribuir al nacimiento de ciertas personas, luego dadas a la brujería; que los astros también contribuyen a los maleficios. Las maléficas [mujeres] en general comadronas o parteras, pueden convertir a los hombres en animales. En los primeros dieciséis capítulos de la segunda parte habla sobre el poder de las brujas y en los últimos de la manera de combatirlas. Estipula además que los brujos y brujas conforman sectas. El diablo atrae, fundamentalmente a las mujeres, a las que tienta para que formen parte de la misma. Una vez integradas, las brujas empiezan a volar, enferman a las personas y animales, estropean las cosechas, en definitiva producen todo tipo de maldades. Uno de los ejemplos de maldad dado por Maxwell-Stuart era que las brujas le quitaban el pene a los hombres y lo guardaban en un nido arriba de un árbol (63). La obra no sólo cuenta con ejemplos salidos de la imaginación de sus autores, sino que utiliza material del teólogo Jonathan Nider (ideólogo de las persecusiones en Suiza), de *Formicarius,* y ejemplos basados de la práctica de otros inquisidores alemanes y austríacos. Con respecto a la obra, Caro Baroja mantiene que hay que tener en cuenta que no son los hombres de la iglesia (teólogos y filósofos) los que desarrollan el contenido del libro durante los siglos XVI y XVII, sino los hombres de leyes, médicos y teólogos de nuevas tendencias (mayoritariamente protestantes) (128–132).

[6] Ambas colecciones están unidas por Lisis, su protagonista y principal narradora. La primera colección se abre con la enfermedad, que en realidad no es más que una pena de amor de Lisis. Sus amigas para entretenerla y para festejar la nochebuena y los días de pascuas que le siguen, deciden realizar una serie de saraos con músicas, bailes, máscaras, poemas y cuentos que duran cinco días. Dentro de la organización del primer sarao se estipula que se contarán "maravillas". De esta manera se desecha llamar cuentos/historias a lo que se va a narrar "...que con este nombre [maravillas] quiso [Lisis] desempalagar al vulgo del de novelas, título tan enfadoso, que ya en todas partes le aborrecen" (Zayas y Sotomayor 31). Por otra parte, mientras el mencionado encuadre une las dos colecciones, ambas difieren en el tono, en la clase de historias que se narran y quienes son los encargados de contarlas. En la primera parte el lector puede disfrutar de una mayor variedad que en la segunda. En ésta, es fácil detectar el humor y la sátira en los cuentos narrados por los hombres. Los cuentos, en general, se centran en la manera en que las jóvenes tratan de ser parte activa de su destino. Seis de las historias tienen un final feliz y en tres la protagonista de cada uno de ellas decide ir al convento por considerarlo un lugar donde poder resguardar su seguridad. El cuento restante es sobre la avaricia. La segunda parte narrativamente ocurre un año después del anterior Sarao, siendo el motivo la celebración los carnavales que culminarán con el casamiento de Lisis. Por pedido de esta última, este sarao se dedica a la reivindicación y defensa de las mujeres. Las historias se enfocan en casos de violencia física contra las mismas. Como consecuencia directa de los maltratos físicos y sicológicos que las mujeres sufren en cada una de las historias, Lisis decide al final del sarao entrar al convento en vez de casarse. Al mismo tiempo, y a modo de caja china, los lectores participan no sólo en estas aristocráticas y cortesanas reuniones; conocemos los problemas amorosos de algunos de los participantes en el evento y también participamos de las discusiones que sobre lo narrado se discute. Lo que por otra parte tendría el objetivo de hacer meditar al lector y empujarlo o tomar una posición. Las historias fueron escritas con fino cuidado, ajustándose perfectamente a las convenciones literarias de la época, como muchos críticos han notado entre ellos Patsy Boyer. Este último agrega además que están modeladas a la manera de las *Novelas ejemplares* (1612) de Miguel de Cervantes Saavedra (8).

[7] La caracterización del brujo como moro, parecería confirmar las conjeturas de Núnez Roldán que mantiene que el bajo número de procesos a las brujas en Andalucía se debía a que "el otro" para ellos eran los moros y los judíos (51).
[8] La utilización de una imagen de cera de la persona que se quiere dañar o atraer, parecería ser uno de los elementos preferidos en las artes brujeriles. Como observamos en la nota 4, parte de la conspiración para matar al rey Juan VI de Escocia había sido hacer su imagen en cera y ponerla cerca del fuego para que a medida que se consumiera la imagen, se consumiera el rey también. Lo que provocaría la muerte del rey al consumirse enteramente la imagen.
[9] Ulrich Molitor escribe un pequeño tratado en 1489 *De Lamiis et Phitonicis Mulieribus* [Las brujas y las mujeres que dicen el futuro] de gran difusión. En el tratado se discute entre otras cosas, si las brujas con la ayuda de otros espíritus demoníacos pueden ocasionar granizos, escarchas y lluvias con el propósito de dañar la tierra; si pueden, con ayuda, enfermar a niños y adultos, causar impotencia en los hombres; transformarse y cambiar de formas; si pueden volar en escobas, o en un animal a sus Sabbat, donde beben, comen y participan en orgías; si el diablo mismo puede tener relaciones sexuales con mujeres; si el diablo puede dejar embarazadas a las mujeres; si las brujas, con la ayuda de un espíritu malo, pueden descubrir secretos inclusive de los príncipes y pueden predecir el futuro. Molitor concluye que el diablo no puede hacer nada sin permiso de Dios, ni producir cambios climáticos, ni hacer que un hombre sea impotente. Agrega que la gente cree que puede hacerlo, porque está sujeta a ilusiones producidas por el diablo (Maxwell-Stuart 32–3).
[10] Desde el punto de vista narrativo Lucrecia parecería no haber tenido ningún problema con la Inquisición. De hecho, ella y su domicilio eran conocidos. Sin embargo, las diferencias que aquí propongo entre el estudiante, el moro y Lucrecia no siempre fueron tan fáciles de definir a los ojos de la Inquisición. Uno de los problemas que se le hubiera planteado a la Inquisición habría sido dilucidar si Lucrecia por un pacto con el diablo tenía el conocimiento para hacer lo que hacía. En la práctica, y debido a que se buscaba establecer esta relación entre los acusados y el diablo, un número indeterminado de personas fueron maltratados y condenados a muerte. Los niños no estaban exceptuados de este tratamiento, también eran torturados para que suministraran información sobre sus padres. Las torturas más comunes iban dirigidas a las zonas genitales. En el caso de las mujeres se utilizaban pinzas como las tres que se encuentran en la portada de este libro para destruir sus pezones y vaginas, considerados la base del pecado y la perdición del ser humano. Si durante las torturas, los torturados se excitaban, esto no se considera una morbosidad por parte del verdugo, sino una expresión del demonio encarnado en la víctima. Sin embargo, las cazas de brujas no se redujeron a Europa, en el Nuevo Mundo, el caso más conocido es el tribunal de Salem, Estados Unidos a fines del siglo. El autor estadounidense Arthur Miller toma este caso en el siglo XX para demostrar las persecuciones y las injusticias perpetradas a través de los tribunales instaurados en ese mismo país durante la época de Joseph R. McCarthy.
[11] Los montes Rifeos, probablemente los Cárpatos, es la antigua denominación de los montes situados al norte de Escitia. Virgilio los llama Hiperbóreos (Zayas, *Desengaños*: n7, 436).
[12] En este mundo de brujos, había desidentes, aunque no demasiados, dentro de los ellos el mencionado Ulric Molitor y el Inquisidor español Alonso de Salazar y Frías, encargado de estudiar el proceso de las brujas de Zugarramurdi en 1613. Para llevar adelante este trabajo, tuvo que entrevistar a muchos testigos. Al finalizar su labor manifiesta que hay una diferencia entre lo que la gente plantea "que puede ser a lo que efectivamente es". Dejando ver que una cosa es la acusación, lo que la gente diga que se haya hecho, a lo que realmente pasó. Al mismo tiempo mantiene que estudiando este proceso observó que la gente de Olagüe, cerca de Pamplona empezó a caer en una terrible credulidad luego de las prédicas sobre las brujas del fray Domingo de Sardo (Caro Baroja 218). Para más disidencias ver Caro Baroja, especialmente páginas 39–146.

[13] Festividad judía, pero usado por los católicos y cristianos como lugar de reunión de las brujas.

Obras citadas

Alighiere, Dante. *The Divine Comedy.* Oxford: Oxford U.P, 1998.

Beltrán, Vicente, Ed. *Milagros de Nuestra Señora* de Gonzalo de Berceo. Planeta: Barcelona, 1983. xi-lix.

Berceo, Gonzalo de. *Milagros de Nuestra Señora* de Gonzalo de Berceo. Planeta: Barcelona, 1983.

Boyer, H. Patsy. Introducción. *The Disenchantments of Love.* Por María de Zayas. New York: State University U.P, 1997. 1–26.

Caro Baroja, Julio. *Las brujas y su mundo.* Madrid: Alianza, 1973.

Coronas Tejada, Luis "El Tribunal de la Inquisición y las brujas". *El diablo, las brujas y su mundo: homenaje a Julio Caro Baroja.* España: AEA, 2000. 33–48.

Gónzalez de Amezúa y Mayo, Agustín. Introducción. *Novelas amorosas y ejemplares.* Por María de Zayas. Madrid: Aldus, S.A. de artes gráficas. 1948. vii–l.

Maxwell-Stuart, P. G. *Witchcraft in Europe and the New World, 1400–1800.* Hampshire: Palgrave, 2001.

Núnez Rodán, Francisco. "Hechicería e inquisición en la Andalucía moderna". *El diablo, las brujas y su mundo: homenaje a Julio Caro Baroja.* España: AEA, 2000. 49–66.

Redondo Goicoechea, Alicia. Introducción. *Tres novelas amoras y ejemplares y tres desengaños amorosos.* Por María de Zayas y Sotomayor. Madrid: Castalia, 1989.7–43.

Santa Biblia: Antiguo y Nuevo Testamentos. N.p.: Royal Press, n.d.

Scarre Geoffrey y John Callow. *Witchcraft and Magic in the Sixteenth and Seventeenth-CenturyEurope.* Hampshire: Palgrave, 2001.

Zayas y Sotomayor, María. *Desengaños amorosos.* Ed. Alicia Yllera. Lavel: Cátedra, 1983.

———. *Novelas amorosas y ejemplares.* Madrid: Aldus, S.A. de artes gráficas. 1948.

10 What the Centre Cannot Hold: The Defiant Deviances of *El día de la bestia*

DOMINIQUE RUSSELL

The supernatural has tended to lurk on the margins of the canon of Spanish cinema. It is one thing to ambiguously suggest the demonic in an art film, but to have the devil himself appear as a giant teeth-gnashing goat is something else altogether. Such is the defiant deviance of Alex de la Iglesia's *El día de la bestia* (1995). The film pushes, and crosses, generic, political, and religious boundaries. At play with elite viewing sensibilities, its irreverence includes regressive representations of women, and a blurring of the lines between the divine, the demonic, and the commercial. Like Cervantes' *Don Quixote*, to which it claims some lineage, its mix of genres and tones, profanity and profundity, hilarity and violence, has landed the film both widespread popularity and critical scrutiny. My analysis will tease out the deviances and tensions in the film, highlighting in particular the complicated presentation of the supernatural.

In its very form, *El día de la bestia* defies the (still-reigning) canons of good taste. On the lower end of genre respectability, subtitled "comedia de acción satánica", it is an almost maniacal mix of satanic horror, slapstick comedy and social commentary which, as Andrew Willis puts it "creates the impression of being made by an over-excited, over-stimulated group of fans who do not take genres seriously and choose to 'celebrate' their fandom on screen" (241). It can be categorized as part of a group of films in the nineties, including, most famously *Airbag* (Juanma Bajo Ulloa 1997) and *Torrente: El brazo tonto de la ley* (Santiago Segura 1998), that pushed the bounds of excess and reconnected with youthful Spanish audiences by inserting the particularities of Spanish youth culture (its idioms, especially) into Hollywood molds.

While Alejandro Amenábar, principally, would redeem the horror genre in Spain by mainstreaming it with *Tesis* (1996) and *Los otros* (2001), it is important to remember that both the horror-thriller and the gothic have a mainstream credibility that genre-bending satanic serio-comic horror does not. Willis points out that *Los otros*, part of what Jim Collins terms "the new sincerity" stream of nineties horror, has been "assimilated into the world of serious cinema" in contrast to the more irreverent and subversive films of de la Iglesia belonging to a trend toward "eclectic irony" (240).

Though de la Iglesia's first film *Acción mutante* (1993), itself a madcap mix of sci-fi, action and comedy, was produced by El Deseo, Almodóvar's production company, his work deviates from his more positive liberal vision of Spain's democratic miracle. Instead of the hyper-liberated glamourous pleasure palace of Almodóvar's earlier films, Madrid in *El día de la bestia* is a postmodern dystopia, with the capital shown in its "seedy splendour more convincingly that any of the so-called Madrid comedies of old hands like Colomo and Trueba" (Smith 43). In Cristina Moreiras Menor's analysis, (following Jameson) like many films of the nineties, this city is "unable to provide shelter, yet at the same time closed in by an overwhelming feeling of restriction—where the abject subject, dispossessed of identity, wanders without trace" ("Spectacle" 139). Cinematically, the contrast between the street scenes, shot with an almost documentary lens, and the interiors and intrusions of the fantastic, art-designed to goth-horror perfection, is one of the films most fruitful tensions.

If the distopic vision of urban life can be read as the underside of Almodóvar's bright city, *El día de la bestia*'s women are its beauties emptied of subjectivity. No female protagonists here: the women serve a decidedly decorative role, signaling a "return to female stereotypes (mother, virgin and whore) that will not warm the hearts of women," as Marsha Kinder notes (23). Indeed the presence of regressive representations of women is problematic for those, like Adrian Huici and Luis Martín-Santos, who would read the film as a progressive protest. Part of the "defiant deviance" here, as in *Torrente*, is against the canons of liberalism. Deviance, of course, must deviate from, and exists in symbiosis with, the "normal." Defiance of norms and rebellion shifts from left to right, as we witnessed in the nineties fad of boorish right wing rebels who spoke out despite the supposed reign of the politically correct. Martín-Cabrera claims a "vocación parricida" in de la Iglesia's cinema: to kill the father, Almodóvar, he takes his outrageousness one step further, and arguably, in a different direction.

El día de la bestia tells the story of a Basque priest, a famous professor of theology at the Universidad de Deusto, who discovers the secret of the Apocalyse. According to his erudite deciphering of the text, the message is not a word or a phrase, but rather a date: December 25, 1995, which is when the Anti-Christ will be born. And, since the devil imitates God in order to mock him, the birth will be a replay of the nativity. To discover the exact location of this birth in order to prevent it, Father Angel Berriartúa (Alex Angulo)—the given name is not insignificant—sets out to Madrid to make contact with the devil by committing as many acts of evil as he can. (He finds a lot to do, from scratching cars to murder). The credit sequence of the film shows him arriving on the bus to the Gates of Europe, where he begins his mission by stealing a wallet from a dying man and reciting "púdrete en el infierno" instead of the last rites.[1] He also knocks over a mime, steals coins from a beggar and a suitcase from a tourist.

The Madrid this Angel steps into is represented as hell itself, in need of traditional Catholic healing. But the priest is quixotically determined to save humanity by becoming a disciple of the devil. In pursuit of his goal, he stumbles upon a Heavy Metal record store where he meets José María (Santiago Segura), a "hairy but harmless drug abuser" (Smith 42). This "satánico de Carabanchel" leads him in turn to an Italian "maestro de lo sobrenatural." Though his cruelty seems to make him his instrument, the futurologist, unlike the priest and José María, is not a believer in Satan, at least not until he is won over by their torture techniques. Professor Caván (Armando de Razza) as he is known, hosts a television show called 'La zona oscura' on Silvio Berlusconi's "corrupt multinational media" (Kinder 21). *El día de la bestia* is an Italian/Spanish co-production, and the quotas are here used to advantage, with the Italians doubling out the theme of corruption, which can be said to literally emanate from the country's television sets.

Indeed, it is not accidental that the priest discovers television, *pensiones*, heavy metal music and buxom blond bimbos in Madrid. More than the wizened Don Quixote, this not-so-innocent abroad resembles Graham Greene's Monsignor Quixote, refracted and inverted, but still imbued with religious dogma out of step with the (post) modern world. His unlikely Sancho could be said to read from an entirely different book, except our José María doesn't read at all, unless it is the covers of heavy metal albums. In one of the film's most humourous scenes, the duo's attempt to communicate is thwarted by their different referents:

> —José María, tengo una misión.
> —¿Que se va de misiones?
> —No, no, no tengo una misión que cumplir […]
> Mira el tatuage del grupo Satánica que José María lleva en el brazo y le dice: ¿tú eres satánico, verdad?
> —Sí, señor …y de Carabanchel
> —Sabes invocar al demonio […] es que necesito invocar al demonio.
> —¿Para qué?
> —Es algo que tiene que ver con el Apocalipsis.
> —¿La película?

The insertion of high culture referents can be taken as one of the deviances of the film, since pop culture tends to be used as an intertext to high culture, and not the other way around.[2] As Luis Martín-Cabrera comments: "*El día de la bestia* no pretende presentarse como una muestra de arte popular en relación dialéctica con la cultura de elite, sino que aspira a romper la legitimidad de estas distinciones tautológicas" (83). While the same might be said of many Spanish films of the nineties, it is worth noting that de la Iglesia's project remains consistent throughout his filmography. Unlike Amenábar or Almodóvar before him, he continues to make hybrid "genre" pictures ("productos subculturales," as one critic puts it) with a strong dose of sarcasm and excess, not reaching, it seems, for the legitimacy of "serious" auteurist filmmaking.[3]

If de la Iglesia has created a post-Olympic Don Quixote re-write, as Adrián Huici claims,[4] his Sancho is divided into two; not only the "bonachón" José Mari (named arcangelically "José Miguel" in an earlier version of the script) but Professor Caván, once converted to Fr. Berriartúa's perspective, are his faithful followers to the end. In fact it is Caván who discovers the location of the anti-Christ's birth, finding a clue in the devil's handwriting. Like Sancho, who becomes "quixotizado" and begs Don Quixote to keep his illusion alive when the latter's enthusiasm fails, Caván appeals to the priest from the podium on television, just as Fr. Berriartúa, who by now has drugged a virgin to extract her blood, killed José María's mother, gotten beat up at a heavy metal concert and threatened a clairvoyant with a pistol whipping, begins to doubt his calling.

This Angel doing evil in the name of the good of humanity is an intellectual, who, once out of the ivory tower, is lost in a world that has changed ontologically. Ironically, it is a world not unlike the one Don Quixote dreamt of, where the lines between fiction and reality, truth and representation, have collapsed. Schafer and Martín-Cabrera both cite Baudrillard to explain *El dia de la bestia*'s depiction of the confusion between reality and representation. Baudrillard's analysis of the loss of the referent of the real is very apt to clarify the world of the film:

> No se trata ya de imitación ni de reiteración, incluso ni de parodia, sino de una suplantación de lo real por lo signos de lo real, es decir, de una operación de todo proceso real por su doble operativo, máquina de índole reproductiva, programática, impecable, que ofrece todos los signos de lo real y, en cortocircuito, todas sus peripecies. (Baudrillard 11)

Ironically, while the *madrileños* of the film cannot distinguish reality from reality-TV, taking in the violence around them as if it were happening on the small screen, Fr. Berriartúa takes the small screen to be reality itself. Of course for the devout believer, reality is but the screen for deeper revelations; God and the devil speak to him (as one) through advertisements.

Like Don Quixote's, Angel's journey is "a quest for similitudes" "a diligent search [...] for the forms that will prove that what the books say is true"; and like the Don, he can be seen as a figure of ridicule, a hero, a rebel, or an agent of social chaos (Foucault 72). Impeccably orthodox, he has come from the margins to right the wrong unleashed from the centre. The fact that he takes to ultra-violence to materialize his idealistic imaginings has discomforting political implications. For Kinder "the film reveals the reactionary potential of Basque nationalism with its historic leanings toward Catholic fanaticism, its violence against centralization, and its persistent opposition to all outside influences" (21). For Huici "se puede decir que su delirio (salvar el mundo, desenmascar al Anticristo) aunque bien intencionado, acaba arrastándole en una espiral de violencia que parece no tener fin" (177). Yet Zumalde Arregi points out that while Fr. Berriartúa can be identified with "un reconocido miembro de la iglesia vasca inmerso en peligrosas maniobras de aproximación en torno de ETA" because of his violence and his confrontation with "los nuevos cachorros de la derecha española," the general obfuscation make a political reading of the film difficult (960). De la Iglesia is hitting left and right, yet pulling his punches in the end by doing so.

One might consider the film a sympathetic portrait of a quixotic fanatic, a priest and an academic, who thus holds a position of authority, but one whose "social capital" is on the wane. He is the gatekeeper to arcane truths, historical knowledge, and the divine. Angel believes himself to be the saviour of humanity, one who will stop the anti-Christ's birth through violence means. He may, in fact, be a murderous madman with a charming ability to win others over to his cause. Our fallen Angel may be a symbol of Basque nationalism, a casualty of postmodernity, or the unwitting instrument of the devil himself, given the parallels established between him and the devil's henchmen, Limpia Madrid.

As Claudia Schaefer points out, Limpia Madrid's self-appointed task, to go "after homeless immigrants, beating or burning them to death while onlookers turn a blind eye" is "a disturbingly dark reflection of Angel's mission (148). And that may be the film's most clever satirical sting. De la Iglesia has split the right into the amiable and the execrable, politics and religion, undermining the apparent Manichean structure of the film. While their encounter is indeed "Berriatúa vs. Lucifer," it is not so clearly a "cruente liza entre el Bien y el Mal" but between more or less appealing evils (Zumalde Arregi 960).

The thugs are society's new winners, in a position of authority, the gatekeepers of the only truth that matters, "the spectacle of purchasing power" that has supplanted other powers, principally religion, in the twenty-five years that the priest has spent studying[5] (Schaefer 143). The Christmas season ironically seems to unite priest and yuppies as a celebration of the divine right to spend, and certainly, they are joined in the sincerity of their fanaticism, and in the end, in one their targets.

It is the "cleansing" violence they inflict that most clearly sets up a parallel between Angel's mission and that Limpia Madrid's *toyotas* (so-named because of the car they drive). Each believes that the horrors they inflict are necessary for the greater good. Angel wants to save humanity, which he has abstracted to exclude the individuals he harms (as all fanatics must), while Limpia Madrid seek to "save" Madrid for their own kind.

There are, however, significant differences in their filmic treatment that on the surface establish them as polar opposites. The comic-book quality of the violence throughout the film is suspended when the victims of the *toyotas* are shown in lengthy shots, screaming. There are consequences to the violence that the audience is allowed to gauge. The protagonist trio's violence is comic, accompanied not by screams but by amplified sound effects to heighten each blow and gunshot. This is especially noticeable in the violence directed against women. As I commented at the beginning, the three female characters are decorative, and are dispensed with fairly early on. The priest ties up Caván's girlfriend, a brainless, bouncy-breasted blond, after he drags her up the stairs, her head banging on each step. He drugs the virgin maid, Mina, at his *pensión*, a brainless brunette (also dragging her around and banging her head). The two are displayed unconscious for the audience's scopic pleasure with their skirts pulled up, revealing shapely, gartered legs in high angled shots.

José Mari's mother, who complains about her neighbourhood by night—"¡Todos son putas, negros, drogadictos, asesinos!"— also bounces, though in a less attractive way. The monstrous mother, shown killing a rabbit in a disturbingly violent sequence while claiming she'd like nothing better than to castrate some of this filth "de un perdigonazo con la escopeta de caza," tries to do so with Fr. Angel, thinking he has killed Mari. She shoots his ear off, hangs him out of a window and lambastes him, until he finally kicks her down the stairs. A series of jump cuts shows her hitting the railings three times, ending up hanging upside down. As if to underline the irrelevance of women, when José Mari finds out the priest has killed his mother, he is more concerned about his drug-addled grandfather, who won't have anyone to look after him. With the women out of the way, the men can proceed with the business of saving the world from evil.

This is the return of the old as the rebellious new, a defiance of the prevailing standards of taste, giving the finger to feminist concerns. The fact that the facile misogyny, harkening back to Brian de Palma, goes unnoticed by recent critics is perhaps more disturbing than its presence in the film. The horror genre is, after all, predominantly a male one, and de la Iglesia was aiming at young male moviegoers. The abuses piled on the women is just part of the "liberating" irreverence that set *El día de la bestia*, along with

Torrente, *Airbag* and other youth-oriented films, apart from a more progressive earlier generation.

Just as he pushes the testosterone of the genre, de la Iglesia pushes the deviance of the horror film to the forefront: it is the Bible itself that provides the most important intertext of his second feature, one which layers text upon text with citations from Nostradamus, Tritemio, Lovecraft and arcane Jewish cabalistic texts. As an ex-seminarian with a degree in philosophy from the Universidad de Deusto, he knows these sources from more than just hearsay. In a recent interview he credits his religious upbringing with the inspiration for the film, in particular a teacher priest who punched a young boy in the mouth for stealing.[6] He was impressed, he says, "con el poderío de la convicción."

The demonic and satanic borrow from the same pool of images as religion, and "Satanists" depends on Christianity to provide the how-to.[7] This deviance depends upon the "normal" in religion to effect its defiance. Without religious belief, there is no demonic, and as Edward Ingebretsen points out, both angels and devils are messengers from beyond, telling a moral tale, "an allegorical rendering of desires deeply conflicted" (12). For Imanol Zumalde Arregi "esta operación (que concilia la flagrante falsedad de la historia con la fascinante aparencia de lo verosimil)" is transferred from the fantastic to the religious sphere, suggesting a parallel between the two (959). Rather than taking the biblical or the fantastic at face value, de la Iglesia casts them together in a kind of supermarket of the supernatural. Where in Amenábar's *Los otros* the supernatural is a given, a gothic world of the dead recognizable from other films and stories (yet with its potency still intact), the supernatural in *El día de la bestia* is more realistically set up as a series of competing ideas and ideologies: religious and secular, meaningful and vacant.

Indeed, in our protagonists, unlikely three kings seeking the new Bethlehem, we have a juxtaposition of access and interpretations of the supernatural, el "más allá": José María through psychotropic means and Heavy metal, Fr. Berriartúa through Christianity, and Caván through the devil and futurology. All supernatural roads lead now to hell, it seems; each will discover the devil in their respective hallucinations or mystic insights.[8] As they get more and more caught up in their chase of the Anti-Christ, they see less and less of the real evils that surround them. In one oft-commented sequence, Caván buys milk in a convenience store where "Limpia Madrid" has been painted on the refrigerator door. "Le dejo aquí el dinero," he says to the clerk, who lies dead in a pool of blood.

The fact that initially Caván doesn't believe in the devil—though he performs an exorcism in a hilarious parody of *The Exorcist* (USA, William Fredkin, 1973) as "telebasura"— and that his instruction manual for invoking him "es solamente una farsa para giripollas" adds a further irony: both Christianity and devil worship are exploited for commercial gain. Huici points out that the soundtrack during the most violent scenes is used to comment on the debasement of Christ's birthday as an orgy of consumerism. "Jingle Bells" accompanies José Maria and Angel's escape through one of the commercial streets that radiates from la Plaza del Sol, as the actors presiding over a crèche are shot at. In a parody of *A Clockwork Orange* (UK, Stanley Kubrick, 1971), the *toyotas* sing a Christmas carol as they beat Caván and set him on fire.[9] At one point José María sings verses from "Jesus Christ Superstar" to Fr. Angel to show him what he has missed in his isolated Basque monastery: the second coming of the Lord as a Broadway musical.

The film oscillates between showing the devil to be, along with God, an alibi for commercial exploitation, and a force to be reckoned with. Angel says "you see what you want to see." We see the devil himself as a cockroach afraid to cross into the protective pentangle José María has carved into Caván's floor, a Buñuelesque goat in his living room, and as one of the neofascists who throws José Mari to his laughing death. But the devil is also present in the church of the pre-credit sequence, and in the pseudospiritual discourse of UFO watchers, preachers and futurologists of the end of the century. Here as Martín-Cabrera asserts, the film is scathing in its satire. We can read in it the same message that Jaime Gil de Biedma expressed during the years of the Franco era in "Apología y petición":

Quiero creer que no hay tales demonios.
Son hombres los que pagan al gobierno,
los empresarios de la falsa historia.
[...]
Pido que España expulse a esos demonios.
Que la pobreza suba hasta el gobierno.
Que sea el hombre el dueño de su historia. (63)

The diegetic status of the devil is always in doubt in the film: the special effects are not so impressive that one can take them seriously, and the alibi of hallucination is maintained. Yet if the devil might not exist as the goat of religious imaginary, his henchmen do, as new fascist purveyors of casual violence and corrupt so-called socialists. They are conflated here, as right-wing attacks on immigrants and the homeless are shown to be equivalent to police brutality against the same.[10]

This reference to the disillusionment with the long reign of the PSOE is made clearer in de la Iglesia's use of Madrid's architecture. The fact that the anti-Christ is to be born at the Gates of Europe represents the debasement of another ideal, that of liberal Spain which saw the Franco dictatorship as a long interruption in the integration of Spain into the continent. If the road to Europe is the road to progress, de la Iglesia suggests there might have been a crash along the way. The Torres Kio, recently celebrated as the symbol of Madrid, in 1995 were a symbol of "enriquecimiento ilícito, los negocios poco claros y la estafa a gran escala" (Huici 182) and *El día de la bestia* shows them as home to the detritus of the economic integration with Europe. Here under the unfinished monument to Spain's European dream live the homeless, gypsies, immigrants: in essence, the excluded, who live in the (protective) shadow of the devil's church.

As the priest, the heavy and the television spokesman for parapsychology finally reach their destination, they hear a baby cry. Caván is beside himself with glee that they can now achieve their aim. The creature slouching towards Madrid will be indeed killed, but not by the quixotic trio. It is the *toyotas* who destroy the anti-Christ, strafing the baby and his parents, asleep under cardboard boxes. And so the world is saved by the devil "tomando posesión del cuerpo del sujeto neo-fascista" (Moreiras Menor, *Cultura herida*, 272). Unless, of course, the baby is just another casualty of a violent, uncaring consumer society.

And yet it may well be the devil who is watching over the world while God is busy elsewhere. In de la Iglesia's clever coda, Caván and Fr. Berriartúa, now unfrocked, have joined other "deviants," homeless on a park bench in El retiro. They watch Caván's replacement on a rejuvenated "La zona oscura" as a statue of the devil towers above over them. Caván believes that they have saved the world, the seer now literally half-blinded by his beating. Angel, however, seems chastened. One might take his dismissive attitude towards Caván's excitement and his discarding of his religious habit as an understanding that the murder of the gypsy family was neither divine nor demonic, but simply, and depravedly, human.

"Esto no es un juego" seems to be the devil's message, according to José Mari's deciphering of the smoldering remnants left behind after their invocation ceremony. The same words are spoken by the *toyotas*, as they set Caván on fire. But of course, *El día de la bestia* is full of play. Playing with genre, with marginality, the supernatural, violence and politics, the jabs in the film are meant to offend and humour left and right. The "defiant deviance" of the "new vulgarity" is quite similar to the old: a refusal to take serious things seriously, wordplay, blows and pratfalls and ridiculous women. Indeed, there is much of the old that haunts the film. In invoking Cervantes' classic, de la Iglesia seems to be reminding us that there can be great seriousness in play. His "Christmas movie" does seem to have a few morals of the story: beware the idealist, for he will wreak havoc in his wake. Who can tell God from the devil? Fanatics, in the end, all speak the same language.

Notes

[1] Carlos Heredero points out that the lines are direct from Luis Buñuel's screenplay for *Là-bas* (*20 nuevos directores* 201).

[2] Depending, of course, on how you classify the film. There is a tendency in critical analyses to subsume all national productions into art cinema. Núria Triana-Toribio claims that his work "fulfils many of the usual expectations placed on art or auteur cinema" while following "some of the same terms of engagement as the 'new vulgarities' (160). Her project is to question all of these categories, and she opens with his hybridity as a "nightmare for a once standard definition of national cinema" (2).

[3] In an interview with Heredero de la Iglesia dismisses the term "cine de autor" as a false one that attributes the work of a team to a single person and affirms the importance of "el cine de género" as a language or "unos moldes que todo el mundo entiende." What's interesting, he claims, is "la manera de darles la vuelta para expresar lo que se quiere transmitir" (*Espejo de miradas* 461).

[4] See his detailed analysis 149–156.

[5] Comments Schaefer: "If we do some quick mathematics, twenty-five years before 1995… takes us back to 1970, a full five years before any of the transitions to democracy and squarely under the reign of Franco (145).

[6] From an interview on the Spanish edition DVD (El País, 2003).

[7] See Bill Ellis' *Raising the Devil* 7–31.

[8] However, José Mari's grandfather, who wanders the *pensión* naked, is reported to have seen the virgin while under the spell of the "*trippies*" that his grandson administers him to ease the pain of old age.

[9] De la Iglesia comments with satisfaction that *El día de la bestia* has become a "Christmas movie" (DVD).

[10] Kinder claims that "*Bestia* returns to a moralistic discourse that condemns and implicitly conflates right-wing attacks against the homeless with the government's covert support of violence against Basque terrorists" (21). However, since the only "official" violence shown is the police attacking immigrants the link to GAL is rather tenuous. From the distance of a decade the attack seems less specific to the PSOE and more broadly applicable to the instruments of state power, what Huici terms "violencia estructural" (171).

Works Cited

Baudrillard, Jean. *Cultura y simulacro*. Trad. Antoni Vicens y Pedro Rovira. Barcelona: Kairós, 1978.

Ellis, Bill. *Raising the Devil: Satanism, New Religions, and the Media*. Lexington, (Ky): UP of Kentucky, 2000.

Foucault, Michel. "Representing: Don Quixote." *Cervantes*. Ed. Harold Bloom. New York: Chelsea House, 1987. 71–75.

Gil de Biedma, Jaime. *Antología poética*. Madrid: Alianza, 1981.

Greene, Graham. *Monsignor Quixote*. Toronto: Lester & Orpen Dennys, 1982.

Heredero, Carlos F. *20 nuevos directores del cine español*. Madrid: Alianza, 1999.

———. *Espejo de miradas. Entrevistas con nuevos directores del cine español de los noventa*. Alcalá de Henares: Festival de cine de Alcalá de Henares, 1997.

Huici, Adrián. *Cine, literatura y propaganda: de* Los santos inocentes *a* El día de la bestia. Sevilla: Alfar, 1999.

Ingebretsen, Edward J. *At Stake: Monsters and the Rhetoric of Fear in Public Culture*. Chicago; London: U of Chicago P, 2001.

Kinder, Marsha. "Introduction." *Refiguring Spain: Cinema, Media, Representation*. Ed. Marsha Kinder. Durham (DC): Duke UP, 1997. 1-32.

Martín-Cabrera, Luis. "Nuevas Representaciones culturales en la España postolímpica: *El Día de la bestia* de Alex de la Iglesia." *Convergencias Hispánicas*. Eds. E. Scarlett and H.B. Wescott. Newark; Delaware: Juan de la Cuesta, 2001. 79–91.

Moreiras Menor, Cristina. *Cultura herida: Literatura y cine en la España democrática*. Madrid: Ediciones Libertarios, 2002.

———. "Spectacle, Trauma and Violence in Contemporary Spain." *Contemporary Spanish Cultural Studies*. Eds. Barry Jordan and Rikki Morgan-Tamosunas. London; New York: Arnold, Oxford UP, 2000. 134–42.

Schaefer, Claudia. *Bored to Distraction: Cinema of Excess in End-of-the-Century Mexico and Spain*. Albany: State U of New York P, 2003.

Smith, Paul Julian. "El día de la bestia." *Sight and Sound*. 6:12 (December 1996): 42–43.

Triana-Toribio, Nuria. *Spanish National Cinema*. London: Routledge, 2003.

Willis, Andrew. "From the Margins to the Mainstream: Trends in Recent Spanish Horror." *Spanish Popular Cinema*. Eds. A.Lázaro Reboll and A. Willis. Manchester; New York: Manchester UP, 2004. 237–49.

Zumalde Arregi, Imanol. "El día de la bestia." *Antología crítica del cine español 1906–1995: Flor en la sombra*. Ed. Julio Pérez Perucha. Madrid: Cátedra, 1997. 958–60.

11 Realidad fantástica o imaginación fecunda en "El desertor" de José María Merino

ADRIANA SPAHR

José María Merino (1941–) es uno de los escritores españoles más destacados de la península entre los que surgieron al establecerse la democracia en 1976. Como escritor dinámico ha explorado con éxito distintos campos dentro de la literatura,[1] siendo el aspecto más relevante de su narrativa la incorporación de elementos fantásticos. El uso de estos elementos como manifiesta Lareque García, expresa el anhelo del autor de abarcar la experiencia del ser humano en su totalidad.[2] Esto encuadra al autor dentro de aquellos que creen que la "realidad" no es solamente lo tangible y visible sino que se compone de otros elementos que, si bien no son comprobables científicamente, por falta de otro nombre, denominamos fantásticos, y son parte integrante de nuestra realidad. Desde este punto de vista su libro *Cuentos del reino secreto* (1982), nos ofrece una amplia gama de este tipo de narrativa.[3] En los mismos, lo sobrenatural aparece dentro de un marco neo-realista-costumbrista donde existe una armonía entre lo "real" y lo "irreal", o dicho de otra manera, se da una aceptación incuestionable de los personajes al hecho nuevo que aparece.[4] En este sentido "El desertor" se nos presenta como un cuento donde lo fantástico se funde de tal manera, que en el relato no se percibe como tal hasta el final. Será motivo de este trabajo analizar cómo los elementos de lo cotidiano se combinan con los fantásticos a fin de lograr en la mente incrédula del lector un efecto sorprendente.

A diferencia de otros cuentos de José M. Merino, donde el título sugiere la existencia de algo irreal, como en "Madre del ánima", en "El desertor" el título refleja la situación de un soldado quien herido en el frente de batalla, escapa del hospital donde es atendido para retornar a su hogar. La esposa lo encuentra al llegar a su casa, después de visitar a su hermana, la noche de San Juan. Lo primero que visualiza la esposa, es la sombra de un hombre en la puerta de su casa, hasta que advierte que es el esposo el que ha regresado. La joven recupera la felicidad robada por tantos años de ausencia. Su bienestar sólo se ve empañado por la zozobra de que su marido pueda ser descubierto en algún allanamiento del ejército a su hogar. Tres meses después del retorno, "la guardia" [policía] viene a informarle a la mujer que han encontrado el cuerpo de su marido casi disecado en una colina, cerca de la casa. El marido, según las autoridades, ha muerto por lo menos en la noche de San

Juan. En este sentido lo que comienza como una historia de deserción y amor culmina en una historia de fantasmas, o como su autor la denomina, de "muertos que sobreviven a su amor".[5]

Para Tzvetan Todorov entramos al mundo de lo fantástico cuando existe un hecho imposible de explicar; el que percibe el acontecimiento debe optar por una de dos soluciones posibles: o cree que lo que ocurre es producto de la imaginación del protagonista y el mundo ficcional sigue funcionando con las mismas leyes o, por el contrario, el suceso se produce realmente y entonces la realidad está regida por leyes que desconocemos. Como consecuencia de la disyuntiva presentada, aparece la incertidumbre, la vacilación experimentada por aquel ser que no conoce más que las leyes naturales frente a un acontecimiento aparentemente sobrenatural (34). Como lector del "El desertor" esta indecisión, producto de nuestro pragmatismo nos conduce a experimentar esa sensación de duda que aparece, como decíamos, al final del cuento.

La voz narrativa del cuento es como una especie ángel guardián que sigue a la mujer a través del pueblo, dando datos precisos sobre su actividad. A través de los pensamientos de la mujer, conocemos que su esposo vive escondido casi tres meses (84). Durante este tiempo ella continúa manteniendo las mismas rutinas que ha tenido antes de la noche de San Juan: se ocupa de la casa y del campo. De esta manera nadie percibe un cambio en sus actividades que delataría la presencia del marido. Su situación de desertor hace que no despierte ninguna duda en el lector el hecho de que este hombre no vea a nadie a excepción de su esposa ni que, por otra parte, nadie lo vea a él. El ocultamiento absoluto es un mecanismo de seguridad para el que huye. Para el fugitivo, la salvación sólo se garantiza si puede lograr que su existencia pase desapercibida ante todos, más aún, si ha vuelto al domicilio legal, que sería el caso del desertor del cuento. Para darle exactitud y tono realista al relato, se especifica que el 1 de septiembre (85) la mujer descubre que el esposo ya no está escondido en los lugares habituales de su casa. Ese mismo día la "guardia" viene a anunciarle que el cadáver del marido ha sido encontrado,

> Le habían encontrado. Estaba en lo alto del cerro, entre las peñas, con los miembros estirados para asomar lo más posible la cabeza en dirección al pueblo. Sin duda, la herida se le había vuelto a abrir en el largo camino de la huida. El cuerpo estaba reseco como una muda de culebra. Los guardias decían que llevaría muerto, por lo menos, desde San Juan. (85)

Cinco oraciones componen el último párrafo del cuento. Las cuatro primeras son totalmente descriptivas. En la segunda y tercera, se detalla cómo el cadáver es encontrado y la certeza, "sin duda", de que la causa de la muerte es la herida recibida en el campo de batalla y que por no curarse apropiadamente se abre. Nada sorprende al lector hasta aquí. Ni la posición del cuerpo mirando al pueblo, ni a la alusión a la "larga huida". En este punto, el lector supone que el hombre sale de su casa para evitar el encuentro con las fuerzas de seguridad y huye al cerro. En el trayecto la herida se vuelve a abrir, provocando su deceso. En la cuarta oración, "El cuerpo estaba reseco como una muda de culebra". Aquí empieza a aparecer el elemento discordante a la percepción del lector que piensa que el hombre ha muerto hace pocas horas. Entonces ¿cómo podría haberse secado?, ¿es metafórica esta descripción?, y por lo tanto ¿se refiere al proceso de deshidratación sufrido durante la huida? Seguimos leyendo y observamos que esta oración es la que sirve de conexión con el elemento fantástico en sí: la comprobación de que el hombre muere varios meses antes. Así, entramos en el mundo de lo fantástico al planteársenos la duda ante la aparición de un factor que escapa a nuestra percepción de la realidad. Es decir, que no corresponde a lo que consideramos dentro de lo factible o comprobable.[6] Así, como Todorov sugiere, desde nuestra posición de lectores debemos optar por considerar que el hecho narrado—la aparición del hombre en su casa—ha ocurrido, y entonces estamos en presencia de una realidad ajena a las leyes naturales, o, que tal acontecimiento nunca sucedió y sólo ha sido maquinado por la angustiante soledad de la esposa.

El terreno más propicio para dar rienda suelta a la imaginación es, por cierto, la soledad y el silencio. En estos puntos insiste la voz narrativa al volver hacia atrás en el tiempo de la narración y contar la situación en que vive la mujer antes de que su marido retornara. El uso del lítote—"no estaba tan sola" (81)—ayuda a señalar el estado de soledad de la protagonista, aún en el momento en que comparte la casa con su suegra. Pero la muerte de esta última aumenta su estado de aislamiento que se interrumpe levemente con las cortas visitas a la hermana (82 y 83). La situación de soledad se une al silencio que rodea al personaje dentro y fuera de su casa: dentro porque es la única persona que vive allí, y fuera porque vive en "un pueblo también silencioso" (82). Con el fin de paliar su soledad, la mujer:

> [s]e absorbía en las faenas con una poderosa voluntad de olvido.... Abstraída en la tarea del momento...llegaba a pensar la ausencia de él como una nebulosa ensoñación no del todo real, de la que saldría en algún inmediato despertar. (82)

De esta forma, debido al deseo de transformar la realidad penosa y agobiante, la vida solitaria de la protagonista pierde su característica de verosimilitud y se transforma en una "ensoñación". Se puede decir que la ensoñación es una forma de la imaginación que tiene puntos comunes con el sueño. Ambas, la ensoñación y el sueño, se conforman de imágenes. Pero difieren en que la primera pertenece al estado de vigilia y puede ser más o menos controlada por la voluntad, mientras en que con la segunda no podemos controlar sus imágenes, ya sea porque son producto del inconsciente o encuentros de nuestra alma con otras.[7] Si tenemos en cuenta que la mujer disfruta plenamente de la presencia de su marido durante la noche, lícito es asumir que sus fantasías se materializan en los sueños y que durante el día, cuando su ensoñación no es del todo real, su "poderosa voluntad de olvido" le permite después crear la ilusión y vivir la fantasía del retorno de su esposo. Dicha fantasía se centra en el marco de su imaginación, estimulada por el deseo de que las cosas ocurran de una manera especial, deseo que se hace más fuerte en ella durante la noche de San Juan (83).

El deseo desde el punto de vista literario, es uno de los ingredientes de lo fantástico. El deseo de la mujer en este caso podría ser la causa de la aparición del esposo en el relato, pero también existe la posibilidad de que todo haya sido producto de una imaginación solitaria con la complicidad de la voz enunciante que, a su vez, no desmiente la presencia del marido. Además, existe el deseo del esposo de retornar. Las cartas que envía desde el frente "…fueron ciñéndose cada vez más a la crónica de la nostalgia, de los deseos de regreso" (81). Estos deseos primero, lo conducirían a convertirse en un desertor y a escapar del hospital donde convalece para regresar al hogar. Y luego, cuando la muerte lo encuentra, proseguir su objetivo de llegar a su esposa, venciendo a la muerte y concluir su misión en la tierra: regresar a su casa y prolongar un poco más el corto matrimonio de cinco meses, que se interrumpe cuando tiene que ingresar a las filas del ejército apenas estallada la guerra (81). En este caso, regresaría su alma o fantasma. Si bien muchas culturas, podrían coincidir con esta última opinión, como lectores respetando lo que dice Antonio Risco, nos podemos resistir a aceptar lo inexplicable y por lo tanto adoptar una actitud que nos permita gozar de lo narrado sin sentirnos exigidos a buscar una respuesta racional a lo leído (34–35) y creer en la imaginación fecunda y angustiada de la esposa.[8] O por el contrario, creer que lo que leemos es posible. Cualquiera sea la posición que adoptemos existe en el cuento una oscilación entre lo real y su opuesto que provoca incertidumbre y se corresponde con la definición de lo fantástico.

Para Antonio Risco el secreto de la literatura fantástica está en el funcionamiento de la dialéctica interna del cuento y en cómo se combinan los elementos considerados cotidianos y verosímiles con los extraños e inverosímiles (14). Existe en "El desertor" una yuxtaposición de ambos elementos debido a que aquellos que podríamos considerar "cotidianos" o "reales" pierden la característica de tales al presentarse en un marco inusual como lo es la guerra. En efecto, la ubicación temporal del cuento es durante la guerra civil española (1936–1939). La ubicación espacial es León, según comentario del propio autor (ver nota 4). No obstante, debido a las faltas de referencias concretas, podría ser cualquier otro pueblo cuyo ejército se hubiera alzado en contra de la Segunda República (1931–1936) o que hubiera sido sometido al liderazgo del general Francisco Franco (1892–1975), quien comandó las fuerzas antidemocráticas durante esa guerra.[9] De este conflicto bélico deserta el personaje del cuento.

Señalamos ya algunos elementos que ayudan a producir la duda e incertidumbre en el juego realidad-irrealidad, justamente porque ellos se ofrecen dentro del marco de la guerra. Ejemplo de esto es la existencia de un pueblo carente de hombres jóvenes y que el desertor sólo sea visto por su mujer. Por otro lado, si bien la guerra representa el contexto ficcional, no constituye un referente claro en la vida de la mujer. Las informaciones sobre lo que ocurre en el frente, en las primeras cartas del marido, vienen tachados—restricciones entendibles y que obedecen a razones de seguridad del ejército; lo que realmente ocurre allí no se conoce o se puede presumir "entre líneas" (81). Al leer así se corre el riesgo de crear una realidad que difícilmente concuerde con lo que pasa y que esté más acorde con lo que se imagina, perdiéndose así el referente concreto alrededor del cual se desarrollaba su vida. Este aspecto se agudiza con las diatribas de la iglesia,

> Desde el púlpito, el cura les hablaba del enemigo como de mal diabólico y temible, infeccioso como una plaga. Al cabo, ya la guerra y el enemigo dejaron de ofrecer una referencia real, y era como si el esfuerzo bélico tuviese como objeto la defensa a ultranza frente a la invasión de unos seres monstruosos, venidos de algún país lejano y ominoso. (82)

La capacidad de inventiva de la iglesia ayuda a crear una nueva "realidad," donde el enemigo ha dejado de ser otro español. El defensor de la República ha desaparecido como ser humano igual a todos, para transformarse en un monstruo con características indefinidas, y que viene de lugares desconocidos, quizás hasta de otro planeta. La invasión de monstruos inunda la vida cotidiana a tal punto que una de las mujeres del pueblo se desilusionada al ver que el enemigo que ella imaginaba no tiene ni "rabo ni pezuñas ni cuervos" (82). Esta descripción que nos acerca al mundo fantástico de las transformaciones coincide de manera inequívoca con las prédicas que durante la guerra la Iglesia Católica ofrece sobre los defensores de la República.[10]

Si bien la transformación fantástica del enemigo es fomentada e instigada por la jerarquía eclesiástica, la materialización de esta fantasía ocurre en la imaginación de los personajes, lugar en donde, a su vez, tiene cabida lo fantástico. Así, ante la presencia de un camión lleno de soldados enemigos tomados prisioneros, las mujeres se sienten desencantadas porque el aspecto de los soldados no coincide con la imagen diabólica que las diatribas del cura y "otras noticias les habían hecho imaginar" (82). Por otra parte, ante la presencia de estos soldados maltrechos, la protagonista cree ver en el rostro de estos soldados delgados, sucios y raídos, "el rostro querido" de su esposo (82–83). Nos encontramos en un mundo en continuo cambio. Los enemigos son monstruos, los monstruos pueden ser diablos y estos al mismo tiempo se transforman en pobres, tristes y hambrientos soldados, que se parecen al rostro del marido de la protagonista.

Este cambio también se observa en el hogar de la mujer, a partir del regreso del marido. Tanto la guerra como las tareas titánicas que tiene que realizar diariamente para sobrevivir en un estado de conmoción en el que hasta lo más mínimo es imposible de conseguir, pasan a ser "una consideración muy secundaria" (84). Su entorno se ha modificado y los inconvenientes que la guerra ocasiona han dejado de ser la preocupación esencial de su vida. De esta forma, el contexto de la guerra y, dentro de ella, las prédicas de la iglesia son elementos que reflejan la realidad del pueblo español durante la guerra. Pero al mismo tiempo, este contexto contribuye a que los marcos de la "realidad" se diluyan permitiendo la transición al mundo fantástico de una manera sutil. En este sentido, es necesario detenernos un poco más en la voz narrativa.

Se trata de una voz narrativa, que actúa como una cámara que proyecta lo que ve. Es omnisciente con respeto a la protagonista ya que accede a sus pensamientos y a sus emociones. Monopoliza la óptica narrativa sin permitir que ninguno de los personajes hable por sí mismo, a excepción de la exclamación de una mujer que no hace sino corroborar su punto de vista (82). Con respecto al fantasma, la voz narrativa no tiene acceso directo a él. O transmite la información que la mujer tiene o se convierte en cómplice de ella:

> Él permanecía oculto en algún lugar de la casa durante las horas de luz. Por la noche, cuando la oscuridad lo tapaba todo, salían a la huerta y se sentaban uno junto al otro, sintiendo latir las estrellas parpadeantes, el río que murmuraba, los pájaros que se reclamaban entre las enramadas invisibles. Recuperó en sus brazos el sabor de aquellos primeros tiempos de matrimonio y la congoja de los besos y de los brazos definitivos. (84)

La voz narrativa, adoptando el papel de testigo de los hechos que narra, acepta la presencia del marido, como lo hace su esposa, con absoluta normalidad. Por otra parte, si bien por momentos se detiene en detalles mínimos como, por ejemplo, que la suegra de la mujer muere sentada con un racimo de uva en su regazo y una uva en su mano (81) o cómo la mujer organiza su trabajo (82), por lo general, sus informaciones son escuetas. Esto obliga al lector a completar los blancos dejados por la narración. Ejercicio que el lector debe practicar desde el principio cuando la narración nos introduce en un mundo ambivalente e inusitado,

> El amor es algo muy especial. Por eso, cuando vio la sombra junto a la puerta, a la claridad de la luna que, precisamente por su escasa luz, le daba una apariencia de gran borrón plano y ominoso, no tuvo ningún miedo. Supo que él había regresado a casa. La suavidad de la noche de San Juan, el cielo diáfano,...acompasaba[n] de pronto lo más benéfico de su naturaleza a esta presencia recobrada. (81)

En una simple lectura de este párrafo, la voz narrativa nos contagia su alegría y entusiasmo porque el amor triunfa una vez más. El amado vuelve, además, en una noche romántica de luna, que coincide con la tradicional noche de San Juan. Pero en una lectura más cuidadosa observamos que existen varios elementos que nos introducen a un mundo cuyos límites se ubican en la barrera entre lo "real" y lo "irreal". Aunque el amor es descrito muchas veces como algo especial—para señalar el empuje que tiene el enamorado para llevar adelante una empresa que bajo otras circunstancias difícilmente se haría—en el relato, el calificativo de "muy especial" implica que ese amor posee características que van más allá de lo imaginable. Por otro lado, nos introduce a un mundo de penumbras, donde "lo real" es difícil de determinar. Contrario a lo esperado, la claridad de la luna que debería permitir observar con nitidez lo que ocurre, no irradia la suficiente luz como para que la mujer pueda distinguir al hombre.

El hombre es definido de tres maneras distintas: una sombra, una apariencia y una presencia. El primero y el último término representan un oxímoron ya que si tenemos una sombra como representación de un ser humano no puede ser al mismo tiempo una presencia. Para María Moliner "presencia" puede significar tanto el acto físico de ver a alguien, o el mental de tener la imagen de esa persona en la mente. Esta palabra clave alrededor de la cual gira el enigma del cuento, rechaza la definición de la persona como "una sombra" ya que si tenemos a alguien frente a nosotros veríamos tanto a la persona y, con ella, la proyección de su sombra. Pero si la persona es producto de nuestra imaginación, la sombra de hecho no existiría. Del mismo modo, el término apariencia nos abre una gama de posibilidades que impide resolver la duda que se nos plantea. La palabra significa tanto verosimilitud, probabilidad, como algo que parece y no lo es. Dentro de esta definición todas las posibilidades están contenidas: podemos creer, dudar, o decisivamente no creer en el retorno del hombre.[11] La selección de vocablos polisémicos y la reticencia a suministrar información por parte de la voz narrativa le permite manipular al lector, quien sin percibirlo se encuentra sumergido en un mundo ambivalente y fantástico sólo advertido en la última oración del cuento.

Ayuda a crear este ambiente, además de los elementos mencionados, la falta de nombre para los protagonistas y que el hombre retorne en la noche de San Juan. En el festejo de la noche de San Juan se combina la antiquísima tradición de celebración del comienzo del verano y con ella la elección de la pareja con la conmemoración cristiana de la muerte de Juan Bautista (Stoll 1). Vida y muerte se conjugan en esta festividad. La primera de las tradiciones representa el triunfo del día sobre la noche, la victoria del verano y la muerte del invierno, y la continuación de la vida en el acto de elegir una pareja. Pero al mismo tiempo significa los augurios inciertos del año que vendrá. La tradición cristiana le incorpora un nuevo elemento pero su significado de vida y muerte se mantiene. La decapitación de San Juan ligada a la danza macabra y erótica de Salomé, conjuga en sí mismo el triunfo de la castidad, y el prenuncio del sacrificio y la pasión suprema de Cristo, cuya muerte se convierte en vida eterna. La tradicional fogata, mencionada varias veces en el cuento (83), es el símbolo visual de esta dicotomía: representa por un lado las fogatas nupciales y por el otro la pira funeraria (Cansinos-Assens 246–50). De esta manera no es de extrañar que el retorno del hombre se dé en una noche tan especial como la noche de San Juan, que simboliza la unión de las parejas y en la que conviven la vida y la muerte, ambiente propicio para el retorno de un muerto.

En conclusión, Merino nos introduce a uno de sus reinos secretos, haciéndonos enfrentar a una realidad que pone en peligro los contornos del mundo empírico. Nuestra tarea al revelar sus "secretos", nos lleva a adentrarnos en un mundo donde, lo que denominamos fantástico se conjura en los contornos de una realidad conflictiva, como es la guerra civil española. Debido a que bajo estas circunstancias la realidad admite transformaciones tan inusitadas, como la posible convivencia con un individuo fenecido, el lector no percibe lo fantástico del cuento sino hasta la lectura de la última oración. En este contexto la habilidad del autor radica, por un lado, en el hecho de mantener al lector en continua incertidumbre y duda, y por el otro, que estas últimas no se resuelven con la culminación del cuento. Y no podría ser de otra manera, a pesar de nuestro apego a lo comprobable y a nuestros avances tecnológicos, no podemos explicar un caso como el presentado por el autor. Intelectualmente no podemos aceptar esta realidad, a pesar que aceptamos la existencia de un dios que no vemos. Sin embargo, estos elementos se encuentran latentes en más de una cultura y en la nuestra también. En el año 2005, hay gente que da por cierto estos fenómenos y más aún no es difícil encontrar audiciones radiales o programas televisivos que fomenten estas creencias. Quien las comparte habla de ellas con absoluta naturalidad, como lo vimos en el "El desertor". Para las mentes descreídas,

José María Merino nos invita a considerar la posibilidad de que nuestra realidad sea un poco más compleja de lo que a simple vista podamos aceptar.

Notas

[1] Merino escribió poemas, novelas y libros de relatos. Entre sus poemas podemos mencionar *Sitio de Tarifa* (1972), *Cumpleaños lejos de casa* (1973), *Parnasillo provincial de poetas apócrifos* (1975) y *Mírame Medusa y otros poemas* (1984). Su primera novela aparece en 1976 *Novela de Andrés Choz*, ganadora del premio "Premio Novelas y Cuentos" en el mismo año. Luego siguieron *El caldero de Oro* (1981), *La orilla oscura* (1985) que obtuvo el "Premio de la Critica" el mismo año de su publicación y la trilogía compuesta por *El oro de los sueños* (1986), *Las lágrimas del sol* (1987) y *La tierra del tiempo perdido* (1987). Entre sus libros de relatos encontramos *Cuentos del reino secreto* (1982), *Artrópodos y Hadanes* (1986) y *El viajero perdido* (1989). Su incesante labor literaria incluye un libro de viajes escrito en colaboración con Juan Pedro Aparicio, *Los caminos del Esla* (1980).

[2] Lareque García en su trabajo "Sueño, imaginación..." manifiesta que existen tres dimensiones en la narrativa de Merino: la del sueño, la imaginación y la ficción. A través de ellas, se extiende su mundo narrativo a un ámbito que va más allá de la aparente "realidad".

[3] Sus cuentos fantásticos se desplazan desde las clásicas transformaciones y metamorfosis de los seres humanos como en "La primavera Rosa" hasta la alteración del tiempo cronológico en "La casa de los dos portales". En otros cuentos tenemos los sueños que se mezclan con la realidad como es el caso de "El soñador"; seres demoníacos como en "El enemigo embotellado"; el cine como elemento mágico en "El niño lobo del cine Mari"; y la aparición de fantasmas en "La torre del alemán".

[4] Lareque García manifiesta en "Sentido y dimensión..." que en los cuentos de Merino predomina una concepción armoniosa y tranquilizadora de la realidad en donde el prodigio actúa no como un elemento discordante o perturbador sino, como la permanencia de un estilo de vida o deseo íntimo (370).

[5] Dice José Merino que en los cuentos fantásticos de esta selección ha querido narrar "en un decorado leonés que es el del alma, pero también de los ojos, historias de miedo, filandones donde se cuentan cosas imposibles, muertos que sobreviven a su amor y feroces venganzas de lo inanimado. Y siempre, metamorfosis" (Contratapa de la edición consultada).

[6] A partir del positivismo científico, la ciencia ha dado explicación a más de uno de los problemas que preocupan al ser humano en su conjunto. Sin embargo, la ciencia no ha dado respuesta a todas las incertidumbres que lo acosan y, fundamentalmente a la pregunta que nos preocupa a todos: qué ocurre con nosotros después de la muerte.

[7] Don Ruperto Araujo-Villar en su entrevista publicada en este libro: *Defiant Deviance: The Irreality of Reality in the Cultural Imaginary*, manifiesta que los sueños son el medio de comunicación en que los vivos podemos comunicarnos con los muertos. Pero también entre los seres vivientes.

[8] Existe en la colección otros cuentos sobre fantasmas: *Genarín y el Gobernador*, *Madre del ánima*, *El anillo del Judio* y *La torre del alemán*. A diferencia del cuento que analizo donde la mujer no percibe que su esposo es un fantasma, en todos los cuentos aquí mencionados los fantasmas son reconocidos como tales dentro del mundo ficcional. Difieren entre sí la

cantidad de personajes que observan su presencia: en *Genaro*....sólo el Gobernador lo ve. En *El anillo*... el fantasma es visualizado tanto por Marco, la voz narrativa, como por Don Pedro. En los otros dos cuentos, los fantasmas son una presencia indiscutida en el mundo ficcional.

[9] El alzamiento de Franco pronto tiene el apoyo del norte, sur y oeste de España. Por otra parte, Madrid, Barcelona y Valencia son las ciudades que mayor resistencia oponen al avance de los nacionalistas desde el comienzo de la guerra (Carr 120–46).

[10] La iglesia tuvo un papel preponderante durante la guerra civil. Aliada tradicionalmente a los sectores conservadores españoles, estuvo casi en su totalidad del lado de los franquistas, ofreciendo una cobertura ideológica que pasó a ser el leitmotiv de los sublevados. La guerra no se hacia en contra de los republicanos, comunistas y/o anarquistas sino contra los detractores de la fe católica. Como ocurrió antaño, se levantaba la cruz para llevar adelante otra cruzada, en lo que se dio en llamar la defensa de los valores occidentales y cristianos y en contra de un enemigo anti-Dios. Así por ejemplo, el obispo salmantino en la carta pastoril del 30 de septiembre de 1939 hablaba de los comunistas y anarquistas como "…los hijos de Caín…". El arzobispo de Burgos caracterizaba la lucha enemiga como "la locura demoníaca" y el mismo Franco denominaba a cualquiera de sus opositores "los demonios familiares". La lucha por lo tanto, había franqueado las barreras del tiempo y el espacio y había adquirido características bíblicas: en el *Génesis*, el demonio adquiere la forma de una serpiente para tentar a Adán y Eva y en el *Libro de Job* se menciona a Satanás. Así la lucha en España no se hace entre españoles debido a disidencias de proyectos políticos y económicos terrenales sino contra los antiguos y eternos enemigos de Dios (Chao Rego 22–25). El enemigo había perdido su característica humana y se había transformado en un ser con "rabo, pezuñas y cuernos" como se describe en el cuento (82).

[11] Por otra parte, distinguir entre lo que parece y lo que no es, nos lleva a uno de los problemas básicos de la filosofía entre la distinción entre la apariencia y la realidad. Para Kant, por ejemplo, la apariencia, los que se nos aparece (fenómeno), es lo único que podemos conocer, en tanto que la realidad en sí (noúmeno) escapa a toda posibilidad de conocimiento (Runes 211–13). En este sentido si estamos imposibilitados de conocer la realidad, debemos aceptar un mundo cuyas normas desconocemos y con él, la existencia del fantasma y la convivencia de "lo real" y lo "irreal".

Obras citadas

Cansinos-Assens, Rafael. "La noche de San Juan." *Salomé en la literatura.* Madrid: América, 1919. 245–54.

Carr, Raymond. *España de la restauración a la democracia, 1875–1980.* Barcelona: Ariel, 1991.

Chao Rego, José. *La iglesia en el franquismo.* España: Felmar, 1976.

La Santa Biblia. N.p. :Royal Press, n.d.

Lareque García, Eduardo-Martín. "Sentido y dimensión de lo fantástico en los *Cuentos del reino secreto* de José María Merino." *Estudios en homenaje a Enrique Ruiz-Fornells.* Ed.Juan Fernández Jiménez y otros. Erie, Pennsylvania: ALDEEU, 1990. 361–89.

———. "Sueño, imaginación, ficción. Los límites de la realidad en la narrativa de José María Merino." *Anales de literatura contemporánea* 13 (1988): 225–47.

Merino, José María. *Cuentos del Reino Secreto*. Madrid: Ediciones Alfaguara, 1982.

Moliner, María. *Diccionario de uso del español*. Madrid: Gredos, 1987.

Risco, Antonio. *Literatura y fantasia*. Madrid: Taurus, 1982.

Runes, Dagoberto D. *Diccionario de Filosofía*. México: Grijaldo, 1981.

Stoll, Anita K. Introduction. *La noche de San Juan* por Lope de Vega. Zaragoza: Kassel, Edition Reichenberger, 1988.

Todorov, Tzvetan. *Introducción a la literatura fantástica*. Buenos Aires: Tiempo Contemporáneo, 1972.

Contributors

Hugo De Marinis obtuvo su BA de Artes en la Universidad de York y su maestría y doctorado en la Universidad de Toronto. Bajo la supervisión de Keith Ellis, en su tesis doctoral trabajó sobre la obra literaria completa del escritor argentino Haroldo Conti, desaparecido durante la dictadura militar, en el mes de mayo de 1976. El nombre de la disertación es *Cultura marginal y raíces populares en la obra narrativa de Haroldo Conti*. En 2002, Editorial del Valle de Argentina publicó *La historia empuja*, libro basado en su tesis doctoral. Desde julio de 2001 trabaja en la Universidad Wilfrid Laurier donde enseña cursos de lengua y de literatura española y latinoamericana. Sus áreas de investigación abarcan literatura testimonial latinoamericana, literatura concentracionaria argentina y española, y los vínculos entre literatura y política en América Latina. En 2005, la editorial Corregidor de Argentina publicará el libro testimonial *Mendoza montonera*, escrito en colaboración con Ramón Ábalo, en el que se recogen testimonios y reflexiones de una época truculenta (1973-1974) en una provincia del oeste argentino (Mendoza) que aunque no marginada de los conflictos que atravesaban todo el país en esos tiempos, aún no ha relatado su propia porción de historia.

Maria João Dodman is a doctoral candidate in the department of Spanish and Portuguese at the University of Toronto. Currently she is completing her dissertation on Beauty and Ugliness in Golden Age Iberian Literature, with special emphasis on emblems, theater, and the novel. Her research interests include questions of representation, in particular women and/or other marginal characters such as witches, monsters, hermaphrodites, and cannibals.

Olga Mendieta completó su BA en Artes y su MA en la Universidad de Amsterdam, donde obtuvo la distinción Cum Laude. Luego se trasladó a Canadá donde completó en la Universidad de Toronto su doctorado. El tema de su disertación, bajo la supervisión del profesor Mario Valdés, lo constituyó su trabajo sobre *Yo el Supremo* del escritor paraguayo Augusto Roa Bastos titulada "El supremo y los dulces encantos del poder". Su area de especialización lo constituye la mitología y la cultura guaraní, sobre la cual ha participado en conferencias nacionales e internacionales y publicado varios artículos en revistas especializadas. Desde 1999 es profesora de la Universidad de Guelph en Ontario.

CAROLINA RAMOS is originally from Spain. She holds a B.A. in Theatre from the University of St. Mary in Kansas, and a M.F.A. in Theatre Pedagogy from the University of La Coruña in Spain, where she will be soon obtaining her PhD. Her expertise encompasses the application of new techniques that emerge from the arts to develop new teaching methods in other areas of education. Ms. Ramos has written and produced several plays for children and young adults and published articles for cultural magazines. She is the recipient of grants for projects with the multicultural youth in the Niagara Region in Canada. She is currently working toward publishing the first English translation of "Old Men Ought Not to Fall in Love" by Galician artist Alfonso R. Castelao.

ESTHER RAVENTÓS-PONS received her Ph.D. from the University of Toronto. She is an Associate Professor of Spanish at Glendon College, York University. Her area of research and teaching interests are interdisciplinary and include Contemporary Spanish and Catalan Literature, Visual Art and Gender Studies. Her articles have appeared in *Mosaic*, *Revista Canadiense de Estudios Hispánicos*, *Letras peninsulares*, *Catalan Review*, *Revista Hispánica Moderna*, *Confluencia*, *Letras Peninsulares*, and others. She is the author of *Rupturas espaciales. Imagen y palabra en textos catalanes* published by University Press of the South (2003) and co-editor of *Literary Texts and the Arts: Interdisciplinary Perspectives* published by Peter Lang (2003).

DOMINIQUE RUSSELL is Assistant Professor in the Department of Modern Languages and Literatures at the University of Western Ontario. Her research interests include Spanish and Latin American film and poetry. She has published articles on sound in the films of Luis Buñuel, Víctor Erice and Alejandro Amenábar. Currently, she is completing a manuscript on monsters in twentieth-century Spanish culture.

Index